从遵义会议看“两个确立”的决定性意义

中共贵州省委组织部
贵州省党的建设研究会 编著

党建读物出版社

图书在版编目（CIP）数据

从遵义会议看“两个确立”的决定性意义 / 中共贵州省委组织部，贵州省党的建设研究会编著. -- 北京 : 党建读物出版社，2025. 7（2026. 5 重印）. -- ISBN 978-7-5099-1638-4

Ⅰ. D25；D26

中国国家版本馆 CIP 数据核字第 2025S0J863 号

从遵义会议看“两个确立”的决定性意义

CONG ZUNYI HUIYI KAN “LIANGGE QUELI” DE JUEDINGXING YIYI

中共贵州省委组织部
贵州省党的建设研究会　编著

责任编辑：张雯
责任校对：钱玲娣
装帧设计：嘉信一丁
出版发行：党建读物出版社
地　　址：北京市西城区西长安街 80 号东楼（邮编：100815）
网　　址：http: // www. djcb71. com
电　　话：010 - 58589989 / 9947
经　　销：新华书店
印　　刷：北京中科印刷有限公司

2025 年 7 月第 1 版　2026 年 5 月第 2 次印刷
710 毫米 ×1000 毫米　16 开本　14.25 印张　152 千字
ISBN 978-7-5099-1638-4　定价：20.00 元

一九三五年一月，中央政治局在长征途中举行遵义会议，事实上确立了毛泽东同志在党中央和红军的领导地位，开始确立以毛泽东同志为主要代表的马克思主义正确路线在党中央的领导地位，开始形成以毛泽东同志为核心的党的第一代中央领导集体，开启了党独立自主解决中国革命实际问题新阶段，在最危急关头挽救了党、挽救了红军、挽救了中国革命，并且在这以后使党能够战胜张国焘的分裂主义，胜利完成长征，打开中国革命新局面。这在党的历史上是一个生死攸关的转折点。

——中共中央关于党的百年奋斗重大成就和历史经验的决议

目　录

第二章　遵义会议与马克思主义中国化研究

第三章　遵义会议与民主集中制研究

第四章　遵义会议与党的自我革命研究

第五章　遵义会议与共产党人的党性修养研究

导论

从遵义会议看『两个确立』的决定性意义研究

习近平总书记对遵义会议和遵义会议精神高度重视，在多个重要场合深入阐述了遵义会议的重大意义和遵义会议精神的丰富内涵，并就传承弘扬遵义会议精神提出明确要求。党的十八大以来，习近平总书记心系贵州发展、情系贵州人民，3次亲临贵州考察指导，每次都对传承弘扬遵义会议精神提出明确要求。2015年6月，习近平总书记在贵州调研时强调，遵义会议作为我们党历史上一次具有伟大转折意义的重要会议，在把马克思主义基本原理同中国具体实际相结合、坚持走独立自主道路、坚定正确的政治路线和政策策略、建设坚强成熟的中央领导集体等方面，留下宝贵经验和重要启示。我们要运用好遵义会议历史经验，让遵义会议精神永放光芒。2021年2月，习近平总书记在贵州考察调研时强调，遵义会议是我们党历史上一次具有伟大转折意义的重要会议。这次会议在红军第五次反“围剿”失败和长征初期严重受挫的历史关头召开，确立了毛泽东同志在党中央和红军的领导地位，开始确立了以毛泽东同志为主要代表的马克思主义正确路线在党中央的领导地位，开始形成以毛泽东同志为核心的党的第一代中央领导集体，开启了我们党独立自主解决中国革命实际问题的新阶段，在最危急关头挽救了党、挽救了红军、挽救了中国革命。遵义会议的鲜明特点是坚持真理、修正错误，确立党中央的正确领导，创造性地制定和实施符合中国革命特点的战略策略。这在今天仍然具有十分重要的意义。要结合即将开展的党史学习教育，从长征精神和遵义会议精神中深刻感悟共产党人的初心和使命，落实新时代党的建设总要求，实事求是、坚持真理，科学应变、主动求变，咬定目标、勇往直前，走好新时代的长征路。2025 年 3 月，习近平总书记在贵州考察时强调，要弘扬长征精神和遵义会议精神，以昂扬斗志走好新时代的长征路。贵州牢记习近平总书记殷切嘱托，把传承弘扬遵义会议精神作为重大政治任务，大力传承红色基因，赓续红色血脉，以实际行动在中国式现代化进程中展现贵州新风采。

党的十九届六中全会提出“两个确立”，即党确立习近平同志党中央的核心、全党的核心地位，确立习近平新时代中国特色社会主义思想的指导地位。“两个确立”是对国际共产主义运动和党百年奋斗经验教训的深刻总结，是党在新时代取得的重大政治成果，是党团结带领人民完成好新时代新征程使命任务的根本保证。在纪念遵义会议召开 90 周年之际，研究遵义会议对“两个确立”形成的历史贡献、历史经验和当代价值，深刻领悟“两个确立”的决定性意义，对新时代党和国家事业发展，对以中国式现代化全面推进强国建设、民族复兴历史伟业，走好新时代长征路，具有重大而深远的现实意义。

一、遵义会议对“两个确立”的历史贡献

遵义会议在事实上确立了毛泽东在党中央和红军的领导地位，是我们党历史上一次具有伟大转折意义的重要会议，在最危急的情况下为党、红军和中国革命指明前行的方向。遵义会议开始确立以毛泽东为主要代表的马克思主义正确路线在党中央的领导地位，是马克思主义中国化在中国革命道路上的一次伟大实践。

"两个确立"是我们党一百多年奋斗历史经验凝练的结晶，是党的十八大以来党和国家事业取得历史性成就、发生历史性变革的根本保证。回溯遵义会议的历史，能够使我们更加深刻理解"两个确立"的重大现实意义。

（一）遵义会议对确立全党成熟稳定的领导核心的历史贡献

遵义会议前，我们党还不成熟，特别是没有形成一个成熟的中央领导集体，这是党和人民事业在革命早期屡遭挫折甚至面临失败危险的重要原因。遵义会议后，这一状况才发生了根本性变化。正如邓小平所说，"在历史上，遵义会议以前，我们的党没有形成过一个成熟的党中央""我们党的领导集体，是从遵义会议开始逐步形成的"。①

从马克思主义发展史、国际共产主义运动史看，确立成熟稳定的领导核心和维护党的领袖的权威，始终是马克思主义建党学说的基本原则，也是马克思主义政党建设的重要经验。经过早期的探索和实践，马克思、恩格斯认为，只有坚持党的集中统一领导和维护党的领袖的权威，党才能成为"最坚决的、始终起推动作用的部分"。马克思主义认为，无产阶级政党不是"个人的偶然凑合"，没有一个权威人物或权威集团，政党就难以作为一个政治组织存在和发展，无产阶级就难以作为一个整体的阶级采取有力行动。恩格斯在总结巴黎公社失败的教训时，就极为强调权威的重要性，认为"巴黎公社遭到灭亡，就是由于缺乏集中和权威"②。

① 《邓小平文选》第三卷，人民出版社 1993 年版，第 309 页。

② 《马克思恩格斯文集》第十卷，人民出版社 2009 年版，第 375 页。

他还特别强调：“为了进行斗争，我们必须把我们的一切力量捏在一起，并使这些力量集中在同一个攻击点上。如果有人对我说，权威和集中是两种在任何情况下都应当加以诅咒的东西，那么我就认为，说这种话的人，要么不知道什么叫革命，要么只不过是口头革命派。”① 列宁在领导俄国革命实践中，进一步论证集中和权威对于政党建设的重要性，强调“在历史上，任何一个阶级，如果不推举出自己的善于组织运动和领导运动的政治领袖和先进代表，就不可能取得统治地位”②，“政党通常是由最有威信、最有影响、最有经验、被选出担任最重要职务而称为领袖的人们所组成的比较稳定的集团来主持的”③。

秋收起义遭受严重挫折后，毛泽东审时度势，率领部队到达井冈山，创建了井冈山革命根据地。从 1930 年 11 月到 1931 年 9 月，在毛泽东指挥下，中央苏区先后粉碎了国民党军的三次“围剿”。1931 年 1 月，以王明为代表的“左”倾教条主义者，通过中共扩大的六届四中全会开始在党中央占据统治地位。中国共产党和根据地的各项工作都不同程度受到王明“左”倾冒险主义的影响。而与此同时，毛泽东则逐渐被排斥在党和红军的领导岗位之外。1931 年 11 月召开的赣南会议上，开始排挤毛泽东在中央苏区对红军的领导；1932 年 10 月召开的宁都会议，又进一步撤销了毛泽东的军事领导职务。即使这样，在后来的第四次反“围剿”中，周恩来、朱德继续采用毛泽东提出的军事战略战术，取得了

① 《马克思恩格斯文集》第十卷，人民出版社 2009 年版，第 375—376 页。

② 《列宁选集》第一卷，人民出版社 2012 年版，第 286 页。

③ 《列宁选集》第四卷，人民出版社 2012 年版，第 151 页。

第四次反“围剿”的胜利。

但在第五次反“围剿”中，由于李德等人采取消极防御的战略方针，结果使第五次反“围剿”遭到完全失败，最终迫使红军放弃中央革命根据地，开始进行战略转移。长征初期，“左”倾教条主义者从进攻中的冒险主义变成退却中的逃跑主义，面对数十万反动势力的围追堵截，红军在突围过程中损失惨重。湘江战役一役，中央红军从出发时的 8.6 万人减少到 3 万余人。在毛泽东等人的建议下，中央红军放弃了原先去湘西同红二、红六军团会合的计划，改向敌军力量薄弱的贵州挺进。1935 年 1 月 7 日，红军攻克黔北重镇遵义。

1935 年 1 月 15 日至 17 日，中共中央在遵义召开政治局扩大会议。会上，毛泽东等对博古、李德等人提出的“御敌于国门之外”“不放弃苏区一寸土地”“短促突击”等口号，以及军事上造成的重大错误，进行了坚决的批判。会议深入分析了导致第五次反“围剿”失败和战略转移严重损失的原因，集中全力纠正了当时具有决定性意义的军事上和组织上的错误。

遵义会议最终作出了一系列具有历史意义的重大决定：毛泽东选为常委；常委中再进行适当的分工；取消“三人团”[①]，仍由最高军事首长朱德、周恩来为军事指挥者，周恩来是党内委托的对于指挥军事上下最后决心的负责者。遵义会议后的苟坝会议，进一步调整了中央领导机构并成立了由毛泽东、周恩来、王稼祥组成的新“三人团”，负责指挥全军的军事行动。经过这次会议，

① 中共中央为准备中央红军主力战略转移事宜，曾在 1934 年夏成立过由博古、李德和周恩来组成的“三人团”。

事实上确立了毛泽东在党中央和红军的领导地位，开始形成以毛泽东为核心的党的第一代中央领导集体。实践证明，遵义会议是党的历史上的“一个生死攸关的转折点”，对确立党的成熟稳定的领导核心作出十分重要的历史贡献。

（二）遵义会议对确立马克思主义正确路线领导地位的历史贡献

恩格斯说，“我们的理论是发展着的理论，而不是必须背得烂熟并机械地加以重复的教条”[①]，那种认为人们可以到马克思的著作中去找一些不变的、现成的、永远适用的定义是一种误解。遵义会议前，党内长期存在把共产国际决议和苏联经验神圣化的倾向，以王明为代表的“左”倾教条主义者以“百分之百的布尔什维克”自居，打压以毛泽东为主要代表的实事求是正确路线，使党和红军遭受了巨大的损失，且在党内和军内一度造成了一定的思想混乱。

大革命失败后，党内“左”倾教条主义逐渐滋生并严重危害党的革命事业时，以毛泽东为主要代表的正确路线便开始与错误路线进行坚决斗争。毛泽东始终坚持实事求是，通过深入实际调查研究，正确分析敌我形势，提出了符合现实要求的军事战略和战术，并探寻出了农村包围城市、武装夺取政权的正确革命道路。但随着“左”倾教条主义影响在党内日益扩大，毛泽东等人被排挤出中央主要领导岗位，其所坚持的正确思想路线也被诋毁为“狭隘的经验论”。对此，毛泽东后来指出：从 1932 年 1 月开始，

① 《马克思恩格斯文集》第十卷，人民出版社 2009 年版，第 562 页。

在党的“三次‘围剿’被粉碎后争取一省数省首先胜利”那个包含着严重原则错误的决议发布之后，“左”倾机会主义者就向着正确的原则作斗争，最后是撤销了一套正确原则，成立了另一整套和这相反的所谓“新原则”，或“正规原则”。从此以后，从前的东西不能叫作正规的了，那是应该否定的“游击主义”。反“游击主义”的空气，统治了整整3个年头。其第一阶段是军事冒险主义，第二阶段转到军事保守主义，最后，第三阶段变成了逃跑主义。直到党中央1935年1月在贵州的遵义召开扩大的政治局会议的时候，才宣告这个错误路线的破产，重新承认过去路线的正确性。这是费了何等大的代价才得来的啊！

党内“左”倾错误路线，在军事上表现为冒险主义，其最直接而严重的后果，就是第五次反“围剿”的失败，中共中央不得不进行战略转移。长征伊始，红军持续遭受重大损失，尤其是博古和李德指挥进行的湘江战役，红军损失惨重，革命形势异常严峻，士气非常低落，不仅普通的红军士兵对军事指挥非常不满，就是在干部特别是高级干部中，也酝酿着要求纠正错误、改变领导的意见。据伍修权回忆，早在第五次中央苏区反“围剿”时，当时中央领导人之一张闻天就曾向他表达过不满并指出：“李德这样指挥怎么行？这样能打胜仗吗？”彭德怀也很不满李德的瞎指挥，曾当面说他完全不懂红军的作战原则，是“主观主义和图上作业的战术家”。①

与李德把军事课本上的条条框框照搬到苏区的做法相比，从

① 参见中共中央党史资料征集委员会、中共中央党史研究室编：《中共党史资料》第二辑，中共中央党校出版社1982年版，第170—173页。

中国革命实际出发的以毛泽东为主要代表的马克思主义路线的正确性愈加凸显，也愈加受到广大红军战士的怀念和拥戴。在长征途中，毛泽东虽遭受排挤，但仍然时刻关注时局的发展，他经常在行军休息和宿营时与王稼祥、张闻天商讨军事路线问题。在多次的交谈和努力下，毛泽东的正确主张终获他们的赞成和支持。湘江战役后，红军部队行进到湘西通道县，此时蒋介石已察觉到红军打算向湘西与红二、红六军团会合而布下口袋阵，等待红军钻进包围圈，李德竟仍坚持按原计划行军，把遭受严重损失的3万多红军往敌人虎口里送。意识到党和红军面临的严峻危机，毛泽东多次找到王稼祥、张闻天等人进行耐心分析和劝说，从敌军重兵阻拦红军主力北上这一情况出发，力主西进，向敌人兵力薄弱的贵州进军，并在通道会议上提议改变红军原来的战略方向。迫于战争形势以及毛泽东有理有据的分析，中央多数同志接受了毛泽东向贵州进军的正确意见。但由于中央主要领导同志没有达成共识，会议未能对战略转移的大方向作出决定，最直接的表现就是会后博古、李德仍然坚持要去湘西。

为了解决红军战略计划问题，中央从老山界到通道，从通道到黎平，从黎平到猴场，一路展开争论。王稼祥回忆道："一路上毛主席同我谈论了一些国家和党的问题，以马列主义的普遍真理和中国革命实践相结合的道理来教导我，从而促使我能够向毛主席商谈召开遵义会议的意见，也更加坚定了我拥护毛主席的决心。"① 在党内高层对解决红军军事指挥的错误问题基本达成一致意

① 金冲及主编、中共中央文献研究室编：《毛泽东传（1893—1949）》，中央文献出版社2004年版，第352页。

见的情况下，召开一次政治局会议，来总结经验教训、纠正军事领导上的错误，条件已经成熟。

遵义会议在解决当时最迫切的军事和组织问题的同时，结束了王明“左”倾教条主义错误在党中央的统治，为后来党将马克思主义基本原理同中国具体实际相结合奠定了重要思想基础和实践基础。遵义会议的深远历史意义在于使党的多数领导人深刻认识到中国革命必须从自己的实际出发，在马克思列宁主义的指导下走自己的道路。正如毛泽东指出：“遵义会议以后的路线和遵义会议以前的路线，是马列主义和非马列主义的区别。”①

（三）遵义会议开启了党独立自主解决中国革命实际问题的新阶段

在第五次反“围剿”失败与长征初期党和红军遭受巨大损失时，党内就有很多同志开始认识到，用教条的马克思主义来指导中国革命是行不通的，只有像毛泽东那样强调从中国的实际出发，灵活运用马克思列宁主义的原理来解决革命中的具体问题，才是可行的、正确的。

遵义会议在没有共产国际指导的情况下，独立自主地解决了党内重大问题，标志着中国共产党在政治上开始走向成熟，开启了党独立自主解决中国革命实际问题的新阶段，推动了党的理论自觉、实践自觉，打开了中国革命的新局面。

遵义会议极大地增强了共产党人纠正“左”倾错误、以实事

① 中共中央文献研究室编:《毛泽东年谱（1937.07—1945.08）》第二卷，中央文献出版社 2023 年版，第 481—482 页。

求是的态度深入分析中国革命实际问题的决心。遵义会议前后，围绕红军的战略方针，党内展开了激烈的争论。在争论和经验教训的总结中，毛泽东所代表的正确路线方针逐渐为党内的多数同志所接受。这些认识上的转变反映了党的领导集体坚持真理、修正错误的求真务实精神。这为中国革命的胜利奠定了坚实的思想基础，更成为激励后来者不断开拓进取的重要精神财富，是中国共产党人革命精神的重要体现，也是不断推进马克思主义中国化时代化的重要力量源泉。遵义会议之后，中国共产党在以毛泽东为代表的马克思主义正确路线指导下，不断推进理论创新和实践创新，形成了一系列适合中国实际和实践需要的理论成果，极大地丰富和发展了马克思主义。

二、遵义会议对“两个确立”的经验启示

习近平总书记指出:“历史是最好的教科书。对我们共产党人来说，中国革命历史是最好的营养剂。”遵义会议在事实上确立了毛泽东在党和红军中的领导地位，开始确立以毛泽东为主要代表的马克思主义正确路线在党中央的领导地位，使我们更加深刻领悟“两个确立”的决定性意义。重温遵义会议确立党的领导核心和党的指导思想的历史，就是要从中汲取智慧和力量，自觉做到衷心拥护“两个确立”、忠诚践行“两个维护”。

（一）党必须确立成熟稳定的领导核心，才能把握历史航向

核心至关紧要，核心是旗帜，核心是力量。确立强有力的领导核心是马克思主义政党的重要原则，也是马克思主义政党成熟

的重要标志。一个成熟的政党要有一个成熟的领导集体，一个成熟的领导集体要有一个强有力的领导核心。党从成立开始到遵义会议前，从陈独秀、瞿秋白、向忠发、李立三到王明、博古，都是很不稳定，也是很不成熟的，没有形成过有能力的中央，没有形成过一个成熟的领导核心，加之革命前期对领导权的放弃导致领导革命不力，使革命遭受挫折。尤其是遵义会议前，党领导的中国革命事业屡次遭遇挫折甚至濒临绝境，其中最重要的原因就是对党的领导的认识十分薄弱，党的内部没有形成一个强有力的领导核心。

遵义会议在红军严重受挫的历史关头召开，事实上确立了毛泽东在党中央和红军的领导地位，开始形成以毛泽东为核心的党的第一代中央领导集体。1971 年 5 月，周恩来在外事工作会议上的讲话指出："遵义是一个很有意义的地方，遵义会议纠正了第三次'左'倾路线，在这个万分困难的危急时刻，毛主席扭转了航向，使革命开始走向胜利，对我们党的发展起了决定性的作用。"① 遵义会议确立了毛泽东事实上的领导地位，我们党逐步形成成熟的、有权威的、有能力的领导集体，从而团结带领中国人民取得了抗日战争、解放战争的伟大胜利，建立了新中国。毛泽东在党中央和红军中领导地位的确立，对于中国共产党走向成熟具有重要意义。正如邓小平所说："任何一个领导集体都要有一个核心，没有核心的领导是靠不住的。"②

① 中共中央文献研究室编:《周恩来文化文选》，中央文献出版社 1998 年版，第 79 页。

② 《邓小平文选》第三卷，人民出版社 1993 年版，第 310 页。

遵义会议深刻昭示：是否确立一个成熟稳定的领导核心，关乎党和国家前途命运、党和人民事业兴衰成败。只有确立党的领导核心，全党有核心，党中央才有权威，党才有力量，党和人民的事业才能胜利向前推进。

回顾我们党领导革命、建设和改革不断从胜利走向胜利的历史，特别是党的十八大以来，面对世情国情党情发生的深刻变化，面对世界百年未有之大变局，以习近平同志为核心的党中央团结带领全党全国各族人民，取得了一系列世所罕见、史所罕见的伟大成就，推动党和国家事业发生历史性变革，中国特色社会主义进入新时代，根本在于习近平总书记掌舵领航，在于习近平新时代中国特色社会主义思想科学指引。“两个确立”是新时代党和国家事业取得历史性成就、发生历史性变革的决定性因素，是党和人民应对一切不确定性的最大确定性、最大底气，是新时代坚持和发展中国特色社会主义，实现第二个百年奋斗目标，实现中华民族伟大复兴的最大政治保证。新时代新征程上，我们必须坚决维护习近平总书记党中央的核心、全党的核心地位，坚决维护党中央权威和集中统一领导，才能为以中国式现代化全面推进中华民族伟大复兴提供坚强保证。

（二）党必须确立科学正确的指导思想，才能引领伟大事业

指导思想是一个政党的旗帜，不仅关乎政党的本质属性，还关乎一个政党、一个国家的前途命运。遵义会议召开之前，中国共产党无论在革命理论上还是在斗争实践中，都尚未成熟。王明“左”倾教条主义错误在党内达到了顶峰，毛泽东提出的一些正确的理论、路线和策略，遭到在中央占据统治地位的“左”、右倾错

误路线执行者，特别是王明“左”倾教条主义的反对、排斥和打击。由于没有科学理论的指导，没有正确的政策路线，中国革命也就陷入了危局。

遵义会议的一个重大历史贡献，就是纠正了把马克思主义教条化、把共产国际指示和苏联经验神圣化的错误倾向，结束了王明“左”倾教条主义错误在中央的统治，确立了以毛泽东为主要代表的马克思主义正确路线。

马克思主义是我们立党立国的根本指导思想，是我们党的灵魂和旗帜。中国共产党坚持马克思主义基本原理，坚持实事求是，从中国实际出发，洞察时代大势，把握历史主动，进行艰辛探索，领导中国人民不断推进伟大社会革命。习近平总书记指出：“马克思主义之所以行，就在于党不断推进马克思主义中国化时代化并用以指导实践。”回顾历史，我们党之所以能够在革命、建设、改革各个历史时期取得重大成就，根本在于拥有马克思主义科学理论指导，并结合新的实践不断推进理论创新，使党掌握了强大的真理力量。

（三）党必须确定符合实际的战略策略，才能不断赢得伟大斗争的胜利

2021 年，习近平总书记在贵州考察调研时指出：“遵义会议的鲜明特点是坚持真理、修正错误，确立党中央的正确领导，创造性地制定和实施符合中国革命特点的战略策略。”遵义会议之前，由于当时的中央负责人先是实行冒险主义的进攻战略，后又实行保守主义的防御战略，在实行战略转移和突围的时候，又犯了退却中的逃跑主义错误，并且把战略转移变成搬家式的行动，致使

红军付出了极大的牺牲，红军士气空前低落。遵义会议指出了第五次反“围剿”失败的主要原因是军事领导的战略战术的错误，讨论了适合中国革命战争特点的战略战术和军事行动的方向等问题。为了团结一致，共同对敌、扭转战局，党从策略和全局出发，召开会议时把重点放在集中解决当时具有决定性意义的军事路线和组织领导问题上。正如《关于遵义政治局扩大会议若干情况的调查报告》所指出：“由于当时，大多数同志尚未认识到中央政治上的错误，加之战争形势紧迫，会议没有就政治路线的问题展开进一步的讨论。”①《关于若干历史问题的决议》对此进行了深刻的评价：“遵义会议集中全力纠正了当时具有决定意义的军事上和组织上的错误，是完全正确的。”②

善于正确把握战略策略，就要敢于斗争。马克思主义认为，人类社会是在矛盾运动中前进的，矛盾无时不在、无处不有，有矛盾就会有斗争。恩格斯强调：“矛盾绝不能长期掩饰起来，它们总是以斗争来解决的。”③一百多年来，党始终善于正确把握战略策略，坚持斗争、敢于胜利，总是能够在重大历史关头从战略上分析、判断面临的重大历史课题，制定正确的战略策略，这是党战胜无数风险挑战、不断从胜利走向胜利的有力保证。

习近平总书记指出：“在各种重大斗争中，我们要坚持增强忧患意识和保持战略定力相统一、坚持战略判断和战术决断相统一、坚持斗争过程和斗争实效相统一”“合理选择斗争方式、把握

---

① 中共中央党史资料征集委员会、中央档案馆编：《遵义会议文献》，人民出版社 2009 年版，第 140 页。

② 《毛泽东选集》第三卷，人民出版社 1991 年版，第 969 页。

③ 《马克思恩格斯全集》第三十六卷，人民出版社 1975 年版，第 359 页。

斗争火候，在原则问题上寸步不让，在策略问题上灵活机动。要根据形势需要，把握时、度、效，及时调整斗争策略”。当今世界正经历百年未有之大变局，我国正处于实现中华民族伟大复兴的关键时期，我们党正带领人民进行具有许多新的历史特点的伟大斗争，形势环境变化之快、改革发展稳定任务之重、矛盾风险挑战之多、对我们党治国理政考验之大前所未有。我们必须尊重规律、善于正确把握战略策略问题，才能下好先手棋、打好主动仗，战胜前进道路上的一切艰难险阻，不断夺取新时代伟大斗争的新胜利。

（四）始终保持团结统一，才能画好强国建设、民族复兴最大同心圆

团结统一是无产阶级政党的生命，党的团结统一是党和人民前途命运所系，这是中国共产党总结自身建设规律所得出的必然结论，也是马克思主义政党建设的必然要求。

遵义会议上，毛泽东的发言得到大多数同志的赞同，后来张闻天根据会议内容特别是毛泽东的发言内容起草的决议，内容客观、真实，得到了周恩来、王稼祥、朱德、陈云等领导人的真心拥护和严格执行。遵义会议上，一方面，正确意见得以吸收、采纳和使用；另一方面，反对意见不被压制、打击或攻击。破坏民主集中制的错误得以纠正，政见不同者、曾犯错误者得到足够的尊重、理解和对待。其间，两条路线的交锋，始终是在正常的党内民主和团结氛围下进行的。与会多数人员针对“左”倾错误路线对革命造成的严重危害给予了严肃而深刻的批评，但并未将其“当作敌人来对待”，而是当作党内的一种错误倾向，以党内斗争的方式帮助这些

同志认识错误、改正错误，虽然也曾有过持续不断、激烈、尖锐的争论，但采取的是摆事实、讲道理的方式，不搞过火斗争，不过多追究个人责任，更不搞个人人身攻击，围绕大局、立足长远充分发表自己的意见、开展批评和自我批评。

同时，在会上被批评者也有一定的团结作风和精神。例如，会议期间和会后，有个别坚持“左”倾错误的同志不想让博古把权交出来，在试图让博古“顶住”时说：我们这个大印不能交出去！但博古“严正地拒绝了别人的挑拨性意见”[①]，表示应该服从集体的决定，同时交出了自己的指挥权，并且在遵义会议后，坚决地执行中央的决议，体现了一个共产党人的应有品质。

坚持团结统一，最终推动了遵义会议具有深远历史意义的“伟大转折”，党的事业一步步走向兴盛、走向胜利。新征程上推进党的建设新的伟大工程，更加需要始终围绕中国共产党的历史使命和中心任务，在党的旗帜下团结成“一块坚硬的钢铁”，心往一处想、劲往一处使，不断巩固全党全国各族人民大团结，加强海内外中华儿女大团结，形成共创强国业、共圆中国梦的强大合力。

三、从遵义会议深刻领悟“两个确立”的决定性意义

遵义会议之所以光耀千秋、永放光芒，是因为从此全党有了坚强的领导核心，全党逐渐锻造成为一块坚硬的钢铁，形成一支坚不可摧的战斗力量。回顾总结遵义会议事实上确立了毛泽东在

① 中共中央党史资料征集委员会、中央档案馆编:《遵义会议文献》，人民出版社2009年版，第127页。

党和红军的领导地位、开始确立以毛泽东为主要代表的马克思主义正确路线在党中央的领导地位的历史贡献，我们能够更加深刻领悟“两个确立”的决定性意义，从政治与思想的统一、理论与实践的统一、历史与逻辑的统一上更加理解“两个确立”科学内涵，更加紧密地团结在以习近平同志为核心的党中央周围，万众一心、攻坚克难，完成历史和时代赋予我们的强国建设、民族复兴的神圣使命。

（一）“两个确立”是建设长期执政的马克思主义政党的必然选择

中国共产党作为世界上最大的马克思主义执政党，要始终赢得人民拥护、巩固长期执政地位，必须时刻保持解决大党独有难题的清醒和坚定。中国共产党从成立之日起就高度重视自身能力建设。党的执政能力建设与推动中国特色社会主义事业发展、全面建设社会主义现代化国家之间具有高度的内在契合性。

“两个确立”有利于全党在思想上、政治上、行动上高度统一。在以习近平同志为核心的党中央坚强领导下，全党才能更加紧密地团结在一起，应对各种风险挑战。这种高度的团结统一，正是建党以来特别是遵义会议以来形成的党的优良作风和传统，使党始终保持先进性的重要基础。“两个确立”有利于全党在意识和理论上更加清醒、政治上更加坚定。习近平新时代中国特色社会主义思想不仅揭示了中国特色社会主义的本质和规律，而且提出了新时代坚持和发展中国特色社会主义的总目标、总任务、总体布局、战略布局和发展方向、发展方式、发展动力、战略步骤、外部条件、政治保证等基本问题。全党深入学习贯彻这一思想，能够不断提高全党的理论素养和政治觉悟，从而永葆党的先进性。

新时代新征程，党面临异常复杂的内外部环境，能否成功应对新挑战、新情况、新问题已成为百年大党必须解决的时代课题。党的十八大以来，我们党带领人民取得举世瞩目的历史性成就，但也必须看到，党面临的“四大考验”“四种危险”将长期存在，这对党的执政能力和领导方式提出了新的更高的要求。特别是当前和今后很长一个时期进一步全面深化改革、推进中国式现代化，必须坚持用改革精神和严的标准管党治党，推动中国式现代化行稳致远。

（二）“两个确立”是践行党的初心使命实现民族复兴的必然选择

中国共产党人的初心和使命，就是为中国人民谋幸福、为中华民族谋复兴。为人民谋幸福，是马克思主义的根本立场，更是中国共产党的性质宗旨、初心使命和执政追求。

90 年前的遵义会议，顺应了中国革命的正确发展方向，事实上确立了毛泽东在党中央的领导核心地位，开始确立以毛泽东为主要代表的马克思主义正确路线在党中央的领导地位，从此中国革命取得了一个又一个新的胜利。自遵义会议后，在以毛泽东为核心的党中央的正确领导下，中国人民历经抗日战争和解放战争、抗美援朝战争，实现了民族独立，中国人民“站起来”了。

党的十八大以来，习近平总书记始终怀着“我将无我、不负人民”的人民情怀，带领全国各族人民走出一条国家富强、人民幸福之路。在以习近平同志为核心的党中央坚强领导下，中国共产党成为团结带领中国人民实现美好生活目标的最坚实保障，我们党围绕人民群众关心的教育、医疗和就业等方面的问题，以钉钉子精神扎实推进全面深化改革，出台了一系列重大改革举措，更好地解决了老百姓急难愁盼问题，最大程度提升了人民群众的获得感、幸福感和安全感。面对世界之变、时代之变、历史之变，在实现中华民族伟大复兴的关键时刻，“两个确立”顺民意、得民心，是全国人民的共同心愿，是以中国式现代化全面推进中华民族伟大复兴的必然选择。

“两个确立”是伴随着中国共产党带领全国各族人民逐梦新时代而产生的实践成果，更是中国共产党对追梦圆梦内在规律的理性认识。新征程上，党和国家事业发展虽然面临的任务更加艰巨、环境更加复杂，但我们的使命更加光荣、目标更加伟大。党中央有核心、全党有核心，全党才有更为坚韧、更为雄厚的力量，才能更好地带领全体人民为推进党和国家事业贡献力量，确保中国特色社会主义这艘巨轮始终能够破浪前行、行稳致远。只有衷心拥护“两个确立”，忠诚践行“两个维护”，才能激励全党全国各族人民在领导核心的带领下，以一往无前的无畏气概迎难而上，为促进党和国家事业始终欣欣向荣、蓬勃发展而不懈奋斗。

（三）“两个确立”是全面建设社会主义现代化国家的必然选择

全面建设社会主义现代化国家，是一项伟大而艰巨的事业，是中国共产党自觉担负的历史使命，前途光明，任重道远。

全面建设社会主义现代化国家，推进国家治理体系和治理能力现代化需要集中全党力量、发挥全党智慧，离不开坚强的领导核心和科学的指导思想。“两个确立”的形成能够有效凝聚全党共识，推动全党团结统一，为全面建设社会主义现代化国家汇聚强大的精神力量。以习近平同志为核心的党中央对全面建设社会主义现代化国家作出顶层设计和全面部署，以前所未有的决心和力度冲破思想观念的束缚，突破利益固化的藩篱，在重要领域和关键环节改革上取得决定性成果，推动中国式现代化建设取得历史性成就。在实现“两个一百年”奋斗目标的征程上，中国共产党深化了对人类文明发展规律的认识，创造了人类文明新形态；在开辟中国式现代化道路的过程中，中国共产党深化了对现代化发展规律以及社会主义建设规律的认识，为广大发展中国家实现自身发展提供了中国智慧和中国方案。中国创造了经济快速发展和社会长期稳定“两大奇迹”，等等。

面对复杂多变的国际国内形势，全面建设社会主义现代化国家，要紧紧抓住解决不平衡、不充分问题，着力在补短板、强弱项、固底板、扬优势上下功夫，研究提出解决问题的新思路、新举措。“两个确立”实现了对党和国家各方面行动的有效统筹，使全面建设社会主义现代化国家的方向更明确、动力更强劲、成效更突出。

（四）“两个确立”是新征程上战胜各种艰难险阻的必然选择

在新时代的伟大征程中，我们面临着前所未有的机遇与挑战。“两个确立”不仅是党和国家事业发展行稳致远的根本保障，也是我们攻坚克难、战胜各种艰难险阻的必然选择，是新时代我们党的制胜密码，是党的十八大以来全面深化改革得出的最宝贵历史经验、最客观实践结论，是党和人民应对一切不确定性的最大确定性、最大底气、最大保证。

“两个确立”是以中国之“稳”应对外部“乱”我的必然选择。当今世界正经历百年未有之大变局，在政治上，“中国掠夺论”“中国威胁论”“中国搭便车论”等成为一些西方国家针对中国、挑衅中国的论调，不断挑起周边国家和地区与我国的对立冲突；在经济上，某些国家采取“贸易战”“科技战”“脱钩战”的做法，试图遏制我国发展；在意识形态领域，某些国家不遗余力地对我们党和国家的形象进行“污名”，不断向我国输出“颜色革命”，试图破坏我国民族团结、离间党同人民群众的血肉联系，严重危害国家安全。在当前的外部环境下，“两个确立”对于确保党和国家的政治稳定、社会安定团结，推动构建人类命运共同体具有重要的作用。

“两个确立”是全面深化改革，推动中国式现代化行稳致远的必然选择。中国共产党的领导是中国特色社会主义最本质的特征，是中国特色社会主义制度的最大优势，是中国式现代化的本质要求。新时代之所以能够发生如此伟大的变革，民族复兴伟业能按下“快进键”、跑出“加速度”，根本在于有习近平总书记领航掌舵、有习近平新时代中国特色社会主义思想科学指引。有习近平总书记领航掌舵，全党就有“顶梁柱”，14 亿多中国人民就有“主心骨”；有习近平新时代中国特色社会主义思想科学指引，全党全国各族人民就有思想上的“定盘星”、行动上的“指南针”。

“两个确立”关系到强党强国、民族复兴，也是中国共产党对“世界之问”的科学应答。中国共产党以全球的视野科学回应了当今世界面临的一系列重大问题，习近平总书记积极倡导“一带一路”建设，致力于推动世界和平与发展，提出构建人类命运共同体，倡导全人类共同价值，积极发挥中国在全球治理体系改革和建设中的作用，为解决全球治理面临的一系列重大问题贡献了中国智慧、中国方案和中国力量。

四、新时代新征程践行“两个确立”的实践要求

《中共中央关于党的百年奋斗重大成就和历史经验的决议》（以下简称党的十九届六中全会通过的《决议》）在总结新时代党的伟大成就和宝贵经验时深刻指出：“党确立习近平同志党中央的核心、全党的核心地位，确立习近平新时代中国特色社会主义思想的指导地位，反映了全党全军全国各族人民共同心愿，对新时代党和国家事业发展、对推进中华民族伟大复兴历史进程具有决定性意义。”“两个确立”是新时代中国共产党取得的重大政治成果和重要历史经验，具有坚实的理论基础和充分的现实依据，是从历史和现实中得出来的。学习历史是为了更好地观照现实。我们纪念遵义会议，就是要铭记历史经验，深刻领悟“两个确立”的决定性意义，增强“四个意识”、坚定“四个自信”，把坚定拥护“两个确立”的自觉转化为坚决做到“两个维护”的自觉，努力为实现中国式现代化和中华民族伟大复兴作出更大贡献。

（一）更加自觉地坚决维护党中央权威和集中统一领导

坚持党中央集中统一领导是马克思主义政党的重大建党原则，是百年大党管党治党的优良传统和独特优势，是遵义会议带给我们的重要启示，是实现新时代新征程党的使命任务的根本保证。党的十八大以来，以习近平同志为核心的党中央以勇于开拓的实

践勇气、高瞻远瞩的政治眼光和强烈的责任担当统筹把握国内国际两个大局，致力于推动党和国家事业实现全面发展，推进系列重大实践，战胜系列重大风险挑战，使新时代党和国家事业取得了辉煌成就。党和国家事业之所以能够取得令国人自豪、让世人惊叹的伟大成就，根本在于有以习近平同志为核心的党中央领航掌舵，有习近平新时代中国特色社会主义思想指引航向。踏上新征程，在前进的道路上如期实现强国建设、民族复兴的伟大目标，必须拥有坚强有力的领导核心，拥有科学理论的指引。全面推进中国式现代化，我们要始终坚持和加强党中央权威和集中统一领导，不断增强党的政治领导力、思想引领力、群众组织力、社会号召力，把党的政治优势、组织优势、制度优势更好转化为治理效能。

一是严肃党内政治生活。党内政治生活是提高党员政治素质的重要平台。新时代，为了加强和改进党内政治生活，尤其是规范党员言行，党中央陆续出台了一系列党内法规，有法可依、有规可循成为加强和改善党内政治生活的现实保障，广大党员必须牢固树立规则意识和底线思维，坚决贯彻落实党中央决策部署。二是加强政治历练。进入新时代，党带领人民进行具有许多新的历史特点的伟大斗争，广大党员要自觉树立斗争意识、奋斗意识，主动参与斗争实践，在繁杂工作中淬炼自身的政治能力，克服自身的本领恐慌，在大是大非面前保持政治定力。三是加强党内政治文化建设。坚定拥护“两个确立”、坚决做到“两个维护”需要风清气正的政治生态。党在一百多年的奋斗历程中，始终坚定共产主义理想信念、坚持马克思主义指导地位、坚决执行党的路线方针政策，为加强党的政治生态建设奠定了良好的思想基础。新时代，必须大力传承和弘扬党的光荣传统，通过价值引领、制度规范、纪律约束，引导广大党员树立正确的世界观、人生观、价值观，保持自身的政治定力，在歪风邪气面前岿然不动。

（二）更加自觉地坚定“四个自信”、锤炼坚强党性

遵义会议以及后来马克思主义中国化的发展历程雄辩地证明：什么时候科学地对待马克思主义，真正把马克思主义普遍真理同中国实际和时代特征相结合，中国革命和建设就必然取得胜利。我们弘扬遵义会议精神，就是要坚持不懈地发展中国特色社会主义伟大事业，不断从遵义会议推进马克思主义中国化的历史昭示中汲取理论的力量、真理的力量、团结的力量，走好新时代的奋进之路。

习近平总书记在二十届中央纪委四次全会上强调，同党中央保持高度一致必须说到做到。思想上，要坚持不懈强化党的创新理论武装，准确把握党中央对本地区本部门本领域改革发展的目标定位和部署要求，确保思想统一、方向一致。政治上，要坚持党中央集中统一领导，严明政治纪律和政治规矩，决不允许搞“七个有之”，确保言行一致、令行禁止。行动上，要坚持把党中央各项决策部署落实情况作为政治监督重点，合力推动改革攻坚、促进高质量发展。党性是马克思主义政党的基本属性，是党员干部的立身之本、从政之基，是保持党的先进性和纯洁性的重要保证。党性修养好、党性坚强，遵守党纪就会更加自觉。党员干部要自觉做对党忠诚老实的模范践行者，旗帜鲜明讲政治，严守党的政治纪律和政治规矩，说老实话、办老实事、做老实人，始终同党中央保持高度一致。

一要提高政治修养。深刻领悟“两个确立”的决定性意义，坚决做到“两个维护”，始终在思想上政治上行动上同以习近平同志为核心的党中央保持高度一致，坚持党中央集中统一领导，做到理想信念坚如磐石，对党赤胆忠心、绝对忠诚。二要强化党的创新理论武装。学懂弄通做实习近平新时代中国特色社会主义思想，更好地从党的创新理论中汲取党性滋养，不断增进对党的创新理论的政治认同、思想认同、理论认同、情感认同。立足新时代新征程，准确把握党中央对本地区本部门本领域改革发展的目标定位和部署要求，确保思想统一、方向一致，自觉将工作置于党和国家的中心任务中去谋划、推动、实施，更好地服务构建新发展格局、推动高质量发展。三要增强政治能力。不断提高党员干部特别是领导干部把握方向、把握大势、把握全局的能力和辨别政治是非、保持政治定力、驾驭政治局面、防范政治风险的能力，进一步增强政治判断力、政治领悟力、政治执行力。

（三）更加自觉地学习遵守贯彻维护党章党规党纪

党的二十大报告指出：“坚持制度治党、依规治党，以党章为根本，以民主集中制为核心，完善党内法规制度体系，增强党内法规权威性和执行力，形成坚持真理、修正错误，发现问题、纠正偏差的机制。”党的领导制度属于中国特色社会主义制度体系的根本制度范畴，是坚定拥护“两个确立”的根本制度保障，要推动其更加科学、规范、有效，激发全党自觉维护党的领导核心和指导思想的行动自觉。同党中央保持高度一致不是抽象的，党章和其他党内法规对各级党组织和广大党员同党中央保持高度一致作出了明确规定。全党必须坚持把纪律和规矩挺在前面，牢固树立政治意识、大局意识、核心意识、看齐意识，自觉用党章党规党纪约束自己的一言一行，切实做到党中央提倡的坚决响应、党中央决定的坚决执行、党中央禁止的坚决不做，自觉在思想上政治上行动上同党中央保持高度一致。民主集中制是党的根本组织制度和领导制度，必须将制度优势转化为政治优势和组织优势，发挥其在坚定拥护“两个确立”中的独特作用。为形成统一认识和统一行动，要广泛发扬民主，充分吸收广大人民群众的意见和建议，“不能在地方和部门打着维护党中央权威和集中统一领导的旗号损坏制度、压制民主”①。在充分发扬民主的基础上，必须强调民主基础上的集中，做到党中央提倡的坚决响应，党中央决定的坚决照办，党中央禁止的坚决杜绝，决不允许上有政策、下有对策，决不允许有令不行、有禁不止，决不允许在贯彻执行党中央决策部署上打折扣。要强化对党中央权威和集中统一领导的各项制度的执行和监督，加快建立健全以制度建设为抓手的监督运行机制。要健全党中央重大决策落实机制，强化重大事项请示报告制度，通过完备的任务分工、督促检查、监督问责等制度机制建设，确保各级党组织和广大党员思想统一、行动一致。

（四）更加自觉地大力弘扬遵义会议精神

党的二十大把弘扬伟大建党精神作为大会主题，站在推进文化自信自强、铸就社会主义文化新辉煌的高度，对“弘扬以伟大

---

① 中共中央党史和文献研究院、中央“不忘初心、牢记使命”主题教育领导小组办公室编:《习近平关于“不忘初心、牢记使命”论述摘编》，党建读物出版社、中央文献出版社2019年版，第123页。

建党精神为源头的中国共产党人精神谱系，用好红色资源”[①]提出了重要要求。新时代新征程，进一步弘扬伟大建党精神和遵义会议精神，是坚守共产党人精神家园的时代要求，对于不断激发拼搏力量，不断推进中国式现代化进程具有重要的现实意义。

以中国式现代化全面推进强国建设、民族复兴伟业，必须大力弘扬以“坚定信念、坚持真理、独立自主、团结统一”为基本内涵的遵义会议精神，牢牢把握遵义会议“坚持真理、修正错误”的鲜明特点，牢牢把握“确立党中央的正确领导，创造性地制定和实施符合中国革命特点的战略策略”[②]的重要经验，把对“两个确立”决定性意义的深刻认识转化为奋进新征程、建功新时代的强大动力，善于从历史经验中总结汲取继续前行的智慧和力量。

坚定的理想信念是共产党人战胜一切困难的法宝。不论时代如何变化、条件如何变化，我们都必须坚定马克思主义信仰，积极推进马克思主义中国化时代化。大力弘扬遵义会议精神，要深刻感悟共产党人的初心和使命，不断筑牢信仰之基、补足精神之钙、把稳思想之舵，自觉做共产主义远大理想和中国特色社会主义共同理想的坚定信仰者、忠实实践者。

坚持真理是形成党的领导核心的必要条件，是保证党中央正确领导的必然结果，是确保党的先进性的必然要求。大力弘扬遵

---

① 习近平:《高举中国特色社会主义伟大旗帜　为全面建设社会主义现代化国家而团结奋斗——在中国共产党第二十次全国代表大会上的报告》,《人民日报》2022 年 10 月 26 日。

② 本书编写组编著:《中国共产党简史》，人民出版社、中共党史出版社 2021 年版，第 60 页。

义会议精神，要把“两个确立”作为应对一切不确定性的最大确定性、最大底气、最大保证，确保中国共产党始终充满活力和创造力，战胜前进道路上的一切艰难险阻，不断夺取新的伟大胜利。

一个政党、一个国家，任何时候都要坚持独立自主。独立自主，自力更生，无论过去、现在和将来，都是我们的立足点和出发点。照抄照搬别国经验、别国模式，从来不会也不能取得成功。大力弘扬遵义会议精神，要更加自觉地坚定道路自信、理论自信、制度自信、文化自信，保持战略定力，坚定不移走中国特色社会主义道路，以中国式现代化全面推进强国建设、民族复兴伟业。

团结统一是遵义会议成功召开的关键因素，也是中国人民创造历史伟业的胜利密码。团结奋斗是中国人民创造历史伟业的必由之路。大力弘扬遵义会议精神，要牢牢把握团结统一的时代主题，团结一切可以团结的力量，调动一切积极因素，使党始终成为风雨来袭时全体人民最可靠的主心骨，广泛汇聚起上下同欲、干群同心、务求必成、战之必胜的磅礴力量。

党的二十大擘画了全面建成社会主义现代化强国的宏伟蓝图，党的二十届三中全会吹响了进一步全面深化改革的号角。新时代新征程，总结遵义会议历史经验、弘扬遵义会议精神，就是要更加紧密地团结在以习近平同志为核心的党中央周围，全面贯彻习近平新时代中国特色社会主义思想，大力弘扬以伟大建党精神为源头的中国共产党人精神谱系，坚定信心，攻坚克难，不断开创新局，为以中国式现代化全面推进强国建设、民族复兴伟业而努力奋斗。

第一章

遵义会议与党的领导核心研究

遵义会议事实上确立了毛泽东在党中央和红军的领导地位，开始形成以毛泽东为核心的党的第一代中央领导集体。重温遵义会议毛泽东在党和红军中领导地位的确立过程，对紧密团结在以习近平同志为核心的党中央周围，更加深刻地领悟“两个确立”的决定性意义，更加坚定自觉地做到“两个维护”具有重要历史意义和现实意义。

一、遵义会议事实上确立毛泽东在党中央和红军领导地位的背景

遵义会议在党的历史上具有极其关键的地位，对于党的领导核心的形成和巩固有着深远影响。理解这一深刻意义，需要从军事、政治、思想等方面深入剖析遵义会议召开前党面临的复杂局势。

（一）党和红军迫切需要总结第五次反“围剿”以来失败的教训

大革命失败后，中国共产党开始独立领导武装斗争，中国革命的重心转向农村。这一时期党的领导集体发生了变化，瞿秋白、李立三、王明等先后在党内占据重要领导地位。瞿秋白的“左”倾盲动错误、李立三的“左”倾冒险主义都给革命带来了损失。王明“左”倾教条主义在党内的统治时间更长、危害更大。1931

年，王明等人在共产国际的支持下掌握党的最高权力，从那时候开始，他们机械地照搬苏联革命模式和马克思主义的理论条文，脱离中国实际，在军事战略、土地政策等方面犯下严重错误，导致红军在第五次反“围剿”中遭受重创，革命根据地不断缩小，党和红军面临着前所未有的危机。

蒋介石国民党军的第五次“围剿”是红军在土地革命战争时期面临的一次重大军事挑战。蒋介石调集百万兵力，对中央革命根据地进行大规模的军事“围剿”。在这次反“围剿”作战中，王明“左”倾教条主义者放弃了毛泽东等制定的正确军事路线，先是实行进攻中的冒险主义，盲目进攻敌人的坚固阵地，导致红军损失惨重。随后，在防御中又采取了保守主义，处处设防，节节抵御，使红军陷于被动。长征初期，“左”倾错误的军事指挥又犯了逃跑主义的错误，使红军遭受重大损失，兵力锐减，士气受挫，革命陷入严重危机。这种局面引起了广大红军指战员对现有领导和军事路线的反思。

（二）中央红军迫切需要找准前进的道路和方向

中央红军在湘江战役遭受重创后元气大伤，尤其是担任殿后任务、掩护大军渡过湘江的红八军团、红九军团和红五军团，付出了惨重的代价。红八军团由长征出发时的10922人，在渡过湘江后只剩下1000多人；红九军团由11538人减为3000多人；红五军团第三十四师全部牺牲。[①]因中央红军的战略意图被国民党当局识破并提前布防，与红二、红六军团会合的原定计划不能实现，

---

① 参见石仲泉:《长征行》，中共党史出版社2006年版，第43页。

建立根据地不能实施，找不到战略立足点。面对几十万国民党军的围追堵截，中央红军随时可能全军覆没，在这样危如累卵的形势下，迫切需要找准前进的方向、明确适合革命斗争需要和保存工农红军力量的战略策略。

在残酷的现实面前，党内一些领导同志开始认识到王明“左”倾路线的错误，意识到必须重新审视和调整军事战略，找准前进的道路和方向。一些军团的指挥员在作战过程中对错误的指挥提出了质疑，他们通过实际战斗经验，发现过去那种脱离实际的军事指挥方式无法取得胜利。特别是面对越来越严重的局势，从通道会议到黎平会议再到猴场会议，毛泽东基于对革命形势的清醒认识和对革命走向的清晰判断，不断提出切实可行的战略方向，为遵义会议对正确军事路线的重新确立奠定了必要的基础。

（三）遵义会议前党中央没有形成成熟稳定的领导核心

遵义会议之前，党领导的红军屡遭失利、几乎濒于绝境，中国革命屡经挫折甚至面临失败危险，党领导的革命事业发展总是磕磕绊绊的。在这一时期，导致挫折的原因是错综复杂的，但非常重要的一个原因就是没有形成一个成熟稳定的领导核心，没有形成坚强有力、能够团结全党进行胜利斗争的领导集体。遵义会议之前，党的领导人经历了多轮撤换，先后担任党的总书记（总负责）的有陈独秀、瞿秋白、向忠发、王明、博古等。

陈独秀作为马克思主义在中国的最早传播者之一，积极组织开展党成立前后的各项工作，连续 5 次在党的全国代表大会上被选为党的总书记。在担任总书记的后期，他思想上出现了一些问题，在对革命形势的判断上出现失误，过于强调资产阶级的力量，忽视了无产阶级的领导作用，在争取工人运动领导权上一味妥协退让，在革命实践中作出了很多错误的决策，导致第一次国共合作失败、革命力量遭到国民党右派的残杀，对党的发展产生了极大的负面影响。陈独秀对中国革命的基本问题进行了许多探索，但由于共产国际的错误指导，以及他对中国国情缺乏深入了解和思想认识的问题，忽略了自主领导革命的重要性，犯了右倾错误，使党在大革命失败时遭受惨重损失。毛泽东曾评价陈独秀"创造了党"，可见其贡献之大。但在1927年国民党发动四一二反革命政变前后，陈独秀面对危机领导无方，最终被撤销党的总书记职务。

在党的五大上，瞿秋白当选为中央政治局委员。第一次国内革命战争失败后，在关系党和革命事业前途命运的关键时刻，1927年8月7日，中共中央政治局在汉口召开紧急会议，会议批判和纠正了陈独秀右倾机会主义错误，撤销陈独秀在党内的职务，指定瞿秋白担任临时中央政治局常委，选出以瞿秋白为首的新的临时中央政治局，给正处于思想混乱和组织涣散中的中国共产党指明了新的出路。在担任党的最高领导人期间，瞿秋白基本实行了全国范围内的"左"倾盲动错误。面对国民党当局的疯狂绞杀，党的六大被迫在苏联莫斯科郊外举行，会后瞿秋白留在莫斯科担任中共驻共产国际代表团团长。

在党内过分强调"领导干部工人成分化"的背景下，在共产国际支持下，1928年7月召开的中共第六届中央政治局第一次会议上，向忠发当选为中央政治局主席、中央政治局常务委员会主席。向忠发的当选，在一定程度上反映了当时共产国际对中国共产党领导集体的期望和影响。然而，向忠发出身工人，文化水平和理论素养相对较低，没有能力领导中共中央工作，实际上并没有起到党的主要领导人的作用。在一段时间内，党中央实际负责人主要是李立三，在对中国革命的指导上，向忠发附和李立三推行“左”倾冒险主义。1931 年 6 月，向忠发被捕后随即叛变，对革命事业造成了极大的伤害。

1931 年 1 月，中共扩大的六届四中全会在上海召开，会议产生多方面的影响，补选了中央委员，改选了中央政治局，新选王明等为中央政治局委员，王明等人在共产国际的支持下掌握了中共中央的领导权。此后，以王明为代表的“左”倾教条主义错误在党内占据统治地位长达 4 年，给后来的中国革命造成极为严重的危害。

王明在去莫斯科做中共驻共产国际的代表之前，特意安排从苏联留学回来、不懂军事、没有革命斗争经验的博古继续执行“左”倾教条主义路线。1931 年 9 月，中共临时中央政治局在上海成立，由博古负总的责任，在中央苏区全面推行“左”倾教条主义。九一八事变后，临时中央高举抗日旗帜，领导抗日救亡运动，但王明“左”倾教条主义严重地影响抗日救亡运动的开展，也使党的组织和工作遭到严重破坏。在这期间，博古犯过“左”倾机会主义路线错误。1933 年 1 月，临时中央被迫由上海迁至中央革命根据地瑞金，博古与李德推行进攻中的冒险主义、防御中的保守主义，导致第五次反“围剿”失败，中央根据地红军被迫进行长征。遵义会议召开后不久，在一个叫“鸡鸣三省”的地方，中央决定博古不再担任中共中央总负责人，博古交出了中共中央最高领导权。

1935 年 1 月，遵义会议补选毛泽东为政治局常委，毛泽东由此进入党的中央领导核心。由于当时党最重要最急迫的工作是军事斗争，而毛泽东参与军事工作的领导，实际上就是对全党主要工作的领导。此外，毛泽东政治上的高瞻远瞩、思想上的实事求是、军事上的丰富经验、策略上的深谋远虑，使他的意见和建议在党的各项决策中发挥了主导性的作用。后来，邓小平说，“在历史上，遵义会议以前，我们的党没有形成过一个成熟的党中央。从陈独秀、瞿秋白、向忠发、李立三到王明，都没有形成过有能力的中央。我们党的领导集体，是从遵义会议开始逐步形成的，也就是毛刘周朱和任弼时同志”[①]“从毛刘周朱开始，中国共产党才真正形成了一个稳定的成熟的领导集体。以前的领导都是很不稳定，也很不成熟的。从陈独秀起，一直到遵义会议，没有一届是真正成熟的。在这中间有一段时间，说是要强调工人阶级领导，就勉强拉工人来当领导。我们党的历史上，真正形成成熟的领导，是从毛刘周朱这一代开始”[②]。以毛泽东为核心的中共第一代领导集体，是在遵义会议实现伟大历史转折中开始建立，在领导长征取得胜利的过程中逐步巩固，并最终确立在全党全军的领导地位的。而正因为正确的领导取代了错误的领导，中央红军才能胜利到达陕北，取得长征的伟大胜利。

二、遵义会议在毛泽东领导地位确立过程中的重要作用

在波澜壮阔的中国革命斗争实践中，毛泽东在全党的核心地

---

① 《邓小平文选》第三卷，人民出版社 1993 年版，第 309 页。

② 《邓小平文选》第三卷，人民出版社 1993 年版，第 298 页。

位是逐步形成和确立的。遵义会议是其中十分关键的历史节点。重温遵义会议毛泽东在党和红军领导地位的确立及其重大意义，对深刻领悟“两个确立”的决定性意义具有重要时代价值和现实意义。

（一）遵义会议前召开的通道会议、黎平会议、猴场会议为确立毛泽东在全党和全军的领导地位起到了酝酿和准备作用

遵义会议之前，中国共产党无论在革命理论上还是在斗争实践中，都尚未成熟。毛泽东提出的许多正确理论、路线和策略，遭到在中央占据统治地位的“左”倾、右倾错误，特别是王明“左”倾教条主义者的反对、排斥和打击。这一时期存在的“左”倾、右倾错误在实际工作中不断碰壁，甚至直接导致了各主要根据地的丢失和党在国民党统治区组织的严重破坏。这也使这些错误开始在更多的领导干部和党员群众面前暴露，引起了他们的怀疑和不满，党内一些曾经犯过错误的同志也不断“开始觉悟”。正因这样，毛泽东所代表的正确方向为越来越多的人所认识和接受。

1932 年 10 月，中共苏区中央局在江西宁都召开全体会议。会议贯彻执行临时中央“左”倾冒险主义进攻路线，对毛泽东在红军中实行的战略方针和战术原则进行了批评和指责。毛泽东鉴于不能取得中央局的完全信任，坚决不赞成由他“负指挥战争全责”。会议批准毛泽东暂时请病假，必要时到前方。10 月 12 日，中央革命军事委员会根据宁都会议决定发布命令：“工农红军第一方面军兼总政治委员毛泽东同志，为了苏维埃工作的需要，暂回中央政府主持一切工作，所遗总政治委员一职，由周恩来同志代

理。”[①] 毛泽东被迫离开了红军的领导岗位。

1934 年 1 月，毛泽东在中共六届五中全会上当选为中央政治局委员。10 月，中共中央率领中央红军长征，此时的毛泽东已被剥夺了对军事工作的领导权，只保留了中华苏维埃共和国中央政府主席的职务。因为周恩来的力争，毛泽东才得以随军长征，被编在由中革军委、红军总司令部和总政治部及其直属队编成的第一野战纵队的中央队。

湘江战役使中央红军遭受惨重损失，红军广大指战员希望改变军事指挥，摆脱疲于奔命、被动挨打的不利局面。1934 年 12 月 12 日，中革军委在湖南通道县城紧急召开临时会议，毛泽东被允许参加会议，讨论进军方向问题。在会上，毛泽东鉴于国民党已在红军前往湘西的路上布下重兵，力主通道转兵，主张避实就虚，放弃原定向湘西与红二、红六军团会师的计划，向敌人兵力薄弱的贵州进军。王稼祥、张闻天、周恩来等大多数与会人员赞同毛泽东的主张。这是 1932 年宁都会议以来，毛泽东第一次参加高层决策会议，他的战略转兵主张为大多数与会者所接受。

1934 年 12 月 15 日，红军攻占贵州黎平县城。12 月 18 日中共中央政治局在黎平召开会议。会上，博古、李德仍坚持由黎平北上湘西与红二、红六军团会合的意见，毛泽东主张向贵州西北进军，在川黔边建立根据地。会议经过激烈争论，决定采纳毛泽东的意见，渡过乌江北上。1935 年 1 月 1 日，中共中央政治局在瓮安县猴场召开会议。会议重申毛泽东提出并经中央政治局

① 中共中央文献研究室编：《毛泽东年谱（1893.12—1937.06）》第一卷，中央文献出版社 2023 年版，第 389 页。

黎平会议同意的在川黔边地区建立新根据地的主张，作出了《关于渡江后新的行动方针的决定》。会议决定立即北进，强渡乌江天险，占领遵义城。

党中央陆续召开通道会议、黎平会议、猴场会议，不同思想、观点、意见开始交锋，毛泽东主张的正确方向、提出的战略策略逐渐为大多数同志接受，为遵义会议集中全力解决当时具有决定性意义的军事指挥和组织领导问题，确立毛泽东在全党和全军的领导地位起到了酝酿和准备作用。

（二）遵义会议增补毛泽东为中央政治局常委，毛泽东进入党中央最高决策核心，全党和全军的领导地位在事实上确立

1934 年 1 月，依据共产国际指示召开的六届五中全会选举产生了中央政治局委员，毛泽东位列其中，这说明虽然毛泽东在国内被孤立，但在共产国际那里仍然还有一席之地。

1935 年 1 月，中共中央政治局召开扩大会议，其主要成就有三个方面。一是全面总结了第五次反“围剿”之后军事指挥的得失，集中批判了“左”倾教条主义的错误军事路线，重新肯定了毛泽东所代表的正确军事路线及其战略战术，并将其确定为红军之后的作战方针。这在张闻天的“反报告”和毛泽东及绝大多数与会者的发言中得到了充分体现。二是剥夺了“左”倾教条主义者的军事指挥权，取消了“三人团”的军事指挥体制，决定仍由最高军事首长朱德、周恩来为军事指挥者，而周恩来是党内委托的在指挥军事上下最后决心的负责者。三是增补毛泽东为中央政治局常委。这是党的六届五中全会召开一年后，中央领导核心层的又一次重要变动。遵义会议增补毛泽东为中央政治局常委，是

正式的组织决定，这标志着毛泽东进入中央领导核心层。

毛泽东在遵义会议上的长篇发言得到绝大多数与会者的赞同和支持，周恩来发言时全力推举毛泽东来领导红军之后的行动。他的倡议得到多数人的拥护。会上，许多同志要求毛泽东代替博古领导全党工作，这是众望所归。因此，遵义会议决定在“常委中再进行适当的分工”。在随后酝酿更换党的“总负责人”时，据周恩来回忆：中央红军一渡赤水向云南扎西行军途中，洛甫[①]首先提出中央要变换领导，他说“博古不行”。毛泽东找周恩来商量，把洛甫要求变换中央领导的意见告诉了他。周恩来毫不犹豫地说：“当然是毛主席，听毛主席的话。”毛泽东说：“不对，应该让洛甫做一个时期。”可见在当时大家的心目中，毛泽东是党的最高领导人的首要人选。

1935 年 2 月 5 日至 9 日，中央在云南威信县境内的水田寨花房子、大河滩庄子上、扎西镇江西会馆召开了政治局常委会、政治局会议和政治局扩大会议，这些会议统称扎西会议。扎西会议是遵义会议的继续和发展，解决了许多在遵义会议上议而未决的问题，比如，中央政治局常委进行分工，根据毛泽东的提议，张闻天代替博古负总的责任，博古还留任中央政治局常委，任红军总政治部代理主任。在扎西会议上，毛泽东被委任为“恩来同志的军事指挥上的帮助者”，成为党内最高军事指挥的帮助者，参与中央军事指挥。

1935 年 3 月 12 日，张闻天在贵州遵义苟坝主持召开中共中央政治局会议，考虑到指挥作战权力必须高度集中，不能靠许多人

---

① 洛甫即张闻天。

开会集体研究决策，中共中央决定由毛泽东、周恩来、王稼祥组成三人军事指挥小组，全权负责指挥军事，使红军有了一个精干、有力的领导核心。在当时的战争环境下，三人军事指挥小组是中共中央最重要的军事领导和决策机构，代表中央行使军事指挥决策权。毛泽东进入党中央军事指挥决策核心。

总之，遵义会议事实上确立了毛泽东在党和红军中的领导地位。这不只是因为他和周恩来、朱德一起承担最高军事指挥的职责，也不只是因为他成为党中央最高领导层的核心成员而增加了他在党和军队的发言权，更主要的是因为在中国共产党和中国革命命运转折的历史条件下，他一贯力行的军事路线和作战方针重新为党中央所接受，成为指引红军转危为安的行动指南。因此，不能简单地认为当时毛泽东没有担任党和军队的最高领导职务，而否定遵义会议事实上确立了他在党和红军中的领导地位这一事实。

（三）遵义会议后在与错误认识和分裂主义的斗争中，毛泽东在党中央和红军中的领导地位进一步确立

遵义会议后，红军四渡赤水，顺利渡过金沙江，摆脱了国民党数十万军队的围追堵截，到达四川会理地区。部队由于连续作战十分疲劳，一些基层指战员有些怨言。此时，林彪甚至提出要改变中央军事领导，要毛泽东、朱德、周恩来随军主持大计，由彭德怀任前敌指挥。1935 年 5 月 12 日，中央政治局在云南会理县城郊召开扩大会议。会议批评了林彪提出的改变军事领导的意见，要求维护遵义会议确立的政治领导和军事领导的团结，决定立即北上，同红四方面军会合。会议统一了认识，维护了党和红军的

团结，巩固了毛泽东在党和红军中的领导地位。

1935 年 6 月，中央红军与红四方面军会师后，张国焘反对党中央确定的北上方针，率领部队南下，并另立中央，与以毛泽东为代表的党中央对抗。后经过党中央和红军广大指战员的斗争，战胜了张国焘的右倾分裂主义。红军三大主力会师后，1936 年 12 月 7 日，中央革命军事委员会主席团转发中华苏维埃中央政府关于扩大中央革命军事委员会组织的命令：以毛泽东、朱德、周恩来、张国焘、彭德怀、任弼时、贺龙等 7 人组成中央革命军事委员会主席团，毛泽东成为中华苏维埃共和国中央政府中央革命军事委员会主席。

从遵义会议开始，我们党逐步形成成熟的、有权威的、有能力的领导集体，确立了毛泽东的核心地位，从而团结带领中国人民取得了抗日战争、解放战争的伟大胜利，建立了新中国，继而取得了社会主义改造和建设的伟大成就，使中国共产党的面貌、中国人民的面貌、中华民族的面貌焕然一新。可以说，遵义会议精神之所以永放光芒，是因为自此以后全党有了坚强的领导核心，全党逐渐锻造成为一块坚硬的钢铁。

三、遵义会议对确立和维护党的领导核心的启示

遵义会议在事实上确立了毛泽东在党中央和红军的领导地位，是我们党历史上一次具有伟大转折意义的重要会议，在最危急的情况下为党、红军和中国革命指明了前进方向。新时代新征程上，传承和弘扬遵义会议精神，必须深刻领悟“两个确立”的决定性意义，坚决做到“两个维护”。

（一）成熟的领导核心对于马克思主义政党至关重要

任何一个领导集体都要有一个领导核心，没有核心的领导是靠不住的。对于马克思主义执政党来说，确立和维护党的领导核心是至关重要的。形成坚强的领导核心，不仅是我们党的建党原则，也是我们党不断发展壮大并走向成熟的重要保证和重要标志。

无产阶级政党是无产阶级的先锋队，其队伍之庞大、代表之广泛，也是其他任何政党所不能比的。因此，无产阶级政党需要有全党高度的意志统一、思想和行动一致。要实现这样的统一和一致，必须形成和确立党的领导核心，并且时刻确保和维护领导核心的权威。

遵义会议结束了“左”倾教条主义、冒险主义在党中央的统治，开始形成一个坚强有力的领导核心。遵义会议开启了中国共产党确立领导核心的初步探索，在实践中开始形成以毛泽东为核心的中央领导集体，这是党在组织上开始走向成熟的重大标志。领导集体、领导权威、领导核心的确立，使全党和红军有了主心骨，这就为遵义会议以后推动党的政治路线转移到正确方向上，引领红军取得长征胜利乃至新民主主义革命最终胜利都起到了至关重要的作用。

党的第一代中央领导集体中，不仅有毛泽东，还有周恩来、朱德、刘少奇、任弼时、邓小平、陈云等为主要代表的一大批长期从事党的领导事业和革命斗争工作的干部。他们作为党中央和党的领导骨干，时刻紧密地团结在党中央周围，全力支持和拥护毛泽东的正确领导。这为中国革命的发展奠定了政治基石，也对新民主主义革命胜利以后新中国的成立与建设指明了方向，是中国共产党在政治上开始走向成熟的标志。

党一定要有领袖，有领导核心。在延安时期，毛泽东深刻指出，领导核心只能有一个，“实行一元化的领导很重要，要建立领导核心，反对‘一国三公’”[①]。邓小平指出，“任何一个领导集体都要有一个核心，没有核心的领导是靠不住的”“要有意识地维护一个核心”[②]。这是总结党的历史经验得出的科学结论。一个成熟的马克思主义政党必须有一个领导核心，这个领导核心不是任命和指派的，更不是自封的，必须是在斗争中形成的、经过实践检验的以及得到全党和全体人民衷心认可和拥护的。

一个坚强有力的党的领导核心，在破解重大时代课题中彰显掌舵领航的重要地位。党的十八大后，我们党确立习近平总书记党中央的核心、全党的核心地位，体现了全党的共同意志、反映了人民的共同心声。面对世所罕见、史所罕见的复杂形势和风险挑战，习近平总书记作为党中央的核心、全党的核心，在风云变幻中举旗定向、掌舵领航，在大战大考中指挥若定、运筹帷幄，在惊涛骇浪中力挽狂澜、砥柱中流，充分彰显了作为马克思主义政治家、思想家、战略家的恢宏气魄、远见卓识、雄韬伟略，不愧为党的核心、人民领袖、军队统帅。党和国家事业取得历史性成就、发生历史性变革充分证明，党一定要有领袖，有领导核心。只有坚定自觉地忠诚核心、拥戴核心、维护核心、捍卫核心，才能把全党牢固凝聚起来，把全国各族人民紧密团结起来，形成万众一心、无坚不摧的磅礴力量。

---

① 《毛泽东文集》第三卷，人民出版社 1996 年版，第 69 页。

② 《邓小平文选》第三卷，人民出版社 1993 年版，第 310 页。

（二）确立和维护党的领导核心是党的优良历史传统和独特政治优势

确立和维护无产阶级政党的领导核心，既是马克思主义建党学说的一个基本观点，也是党的百年奋斗的优良历史传统和重要历史经验，更是中国共产党能够成功和继续成功的根本政治优势。

历史与实践充分证明，什么时候全党能够坚定确立和维护党的正确的领导核心，党的领导和党的建设就会加强，党的事业就会不断取得胜利；反之，党的领导和党的建设就会弱化，党的事业就会遭受挫折和失败。我们党从诞生之日起就是一个按照民主集中制原则组织起来的统一整体。纵观党领导新民主主义革命的28年历史，以1935年为分界点，前14年缺乏党的领导核心，遵义会议后党的领导核心逐步确立，党的集中统一领导坚强有力，革命无往而不胜。遵义会议使中国共产党开始走向成熟，其重要标志就是在事实上确立了毛泽东的领导地位，逐步形成稳定的领导集体。对于坚持和加强党的领导来说，是一个重大的突破和转折。遵义会议以后，党和红军一改过去始终处于被动挨打的局面，各方面面貌可谓焕然一新。虽然是同样一支红军部队，却表现出同遵义会议以前截然不同的强大的生命力和战斗力。

能否形成一个坚强有力的正确领导核心，是衡量马克思主义政党是否成熟的重要标志，是党自身实现发展和党领导事业取得成功的根本保证。在百年奋斗的实践过程中，党之所以由小到大、由弱到强，发展成为当今世界上最大的马克思主义执政党，党之所以能够团结带领人民接续奋斗，不断取得革命、建设和改革的伟大历史性成就，从领导角度说，最重要的原因就在于坚持确立正确的领导核心，坚决维护党的集中统一领导。确立和维护党的领导核心是新时代坚持和加强党的全面领导的根本保证，在任何时候、任何情况下都必须始终继承和发扬这一优良传统和独特的政治优势。

（三）坚决捍卫和维护党的领导核心是党和国家事业向前发展的根本保证

遵义会议后，中国革命斗争的局面从被动转向主动，中国革命事业不断从胜利走向胜利。其深刻的历史原因和内在逻辑是什么？对此，党的十九届六中全会通过的《决议》进行了深刻总结和揭示，这就是遵义会议“事实上确立了毛泽东同志在党中央和红军的领导地位，开始确立以毛泽东同志为主要代表的马克思主义正确路线在党中央的领导地位，开始形成以毛泽东同志为核心的党的第一代中央领导集体，开启了党独立自主解决中国革命实际问题新阶段”。党的历史表明，核心问题至关紧要，核心就是旗帜，核心就是方向，核心就是力量。马克思主义告诉我们，核心来源于实践，核心代表人民，是历史和人民的选择，核心指引前进方向。遵义会议及其精神深刻蕴含着“两个确立”的深层理论逻辑和基本政治逻辑。新时代新征程上，必须在传承和弘扬遵义会议精神中深刻领悟“两个确立”的决定性意义，坚定不移把拥护“两个确立”转化为践行“两个维护”的思想自觉、政治自觉、行动自觉。全面推进中国特色社会主义伟大事业和党的建设新的伟大工程，实现中华民族伟大复兴的中国梦，其复杂性、艰巨性以及需要应对的风险挑战世所罕见。从国际看，社会主义和资本主义两条道路、两种制度的斗争和较量从来没有停止过，敌对势力不断变换策略和手法，加强对中国进行政治误导、战略遏制、价值观围堵，政治和意识形态领域渗透与反渗透的斗争复杂尖锐。从国内看，随着改革进入攻坚期和深水区，各种矛盾风险挑战更为严峻，维护改革发展稳定任务更为繁重，反腐败斗争的形势依然严峻复杂。要应对百年未有之大变局，要抵御重大风险挑战、克服重大矛盾阻力，必须有坚强的领导核心，必须有确保党和人民的事业无往而不胜的强有力的中央权威。

坚决维护党中央权威和集中统一领导，是一个成熟的马克思主义政党必须坚持的重大原则，是发挥社会主义制度优越性的要求，是实现国家长治久安的重要法宝，是当前党和国家事业向前发展的迫切需要。在任何时候任何情况下，都要坚决维护党中央权威。只有党中央有权威，才能把全党牢固凝聚起来，进而把全国各族人民紧密团结起来，形成万众一心、无坚不摧的磅礴力量，从而有效防范和化解前进道路上各种风险考验，确保中国特色社会主义行稳致远。

（四）深刻领悟“两个确立”的决定性意义，坚决做到“两个维护”

党的十九届六中全会通过的《决议》深刻指出：“党确立习近平同志党中央的核心、全党的核心地位，确立习近平新时代中国特色社会主义思想的指导地位，反映了全党全军全国各族人民共同心愿，对新时代党和国家事业发展、对推进中华民族伟大复兴历史进程具有决定性意义。”拥有坚强的领导核心和科学的理论指导，是党和国家事业发展过程中具有根本性、战略性、全局性的问题，是一个政党成熟的重要表现，更是一个国家强盛的显著标志。

一个坚强有力的党的领导核心，在破解时代难题中彰显掌舵领航的重要地位。党的十八大以来，以习近平同志为核心的党中央统筹把握中华民族伟大复兴战略全局和世界百年未有之大变局，团结带领全党全国各族人民，发扬伟大的历史主动精神，开创了中国特色社会主义新时代，推动党和国家事业取得历史性成就、发生历史性变革。习近平总书记成为众望所归、当之无愧的党的核心、人民领袖、军队统帅。确立习近平总书记党中央的核心、全党的核心地位，是历史和人民共同的选择、郑重的选择。与此同时，习近平总书记提出一系列原创性的治国理政新理念新思想新战略，从理论与实践上科学回答了“新时代坚持和发展什么样的中国特色社会主义、怎样坚持和发展中国特色社会主义”“建设什么样的社会主义现代化强国、怎样建设社会主义现代化强国”“建设什么样的长期执政的马克思主义政党、怎样建设长期执政的马克思主义政党”等三个重大时代课题，创立了习近平新时代中国特色社会主义思想。在习近平新时代中国特色社会主义思想指导下，党团结带领全国各族人民战胜了一系列重大风险挑战，攻克了许多长期没有解决的难题，办成了许多事关长远的大事要事，中华民族迎来了从站起来、富起来到强起来的伟大飞跃。党的十九大把习近平新时代中国特色社会主义思想确立为必须长期坚持的指导思想，实现了党的指导思想的与时俱进，是党总结百年历史经验的必然选择和实践验证。

党的十九届六中全会通过的《决议》高度评价了习近平总书记作为党中央的核心、全党的核心作出的卓越历史贡献，高度评价了习近平新时代中国特色社会主义思想的指导地位和重大意义。

实践证明，习近平总书记是经过历史检验、实践考验、斗争历练的当之无愧的党的核心，是赢得全党全国各族人民衷心拥护爱戴的人民领袖，是实现中华民族伟大复兴的引路人。“两个确立”是新时代党和国家事业取得历史性成就、发生历史性变革的决定性因素，是党和人民应对一切不确定性的最大确定性、最大底气，是新时代坚持和发展中国特色社会主义，实现中华民族伟大复兴的根本保证。党的二十大擘画了全面建成社会主义现代化强国的宏伟蓝图。当前和今后一个时期是以中国式现代化全面推进强国建设、民族复兴的关键时期，我们党要带领人民成功应对重大挑战、抵御重大风险、克服重大阻力、化解重大矛盾、解决重大问题，走好新时代的长征路，必须拥有一个具有崇高威望的党的核心和具有高度权威的党中央。

历史是最好的教科书，中国革命历史是最好的营养剂。我们纪念遵义会议召开90周年，就是要铭记历史、牢记启迪，深刻领会“两个确立”的决定性意义的深刻内涵，深刻认识维护习近平总书记党中央的核心、全党的核心地位，决定道路方向，决定事业成败，决定党的兴衰，决定党和民族的前途命运，从而在“两个维护”上更加自觉、更加坚定、更加执着、更加真挚。只有深刻领悟“两个确立”的决定性意义，坚决做到“两个维护”，才能把全党全国人民的思想意志、智慧力量凝聚起来，万众一心、勠力奋斗，朝着以中国式现代化全面推进强国建设、民族复兴伟业的目标奋勇前进。

第二章 遵义会议与马克思主义中国化研究

遵义会议是党历史上一个生死攸关的转折点，在推进马克思主义中国化历史进程中具有举足轻重的地位和作用。这次会议事实上确立毛泽东在红军和党中央的领导地位，开始确立以毛泽东为主要代表的马克思主义正确路线在党中央的领导地位，开始形成以毛泽东为核心的党的第一代中央领导集体。遵义会议以及其后马克思主义中国化的发展历程昭示：什么时候科学地对待马克思主义，真正把马克思主义普遍真理同中国实际和时代特征相结合，中国革命和建设就必然取得胜利；什么时候没有科学地对待马克思主义，教条主义地理解和运用马克思主义，就会给中国革命和建设带来不可估量的损失。

一、遵义会议推进马克思主义中国化的时代背景

马克思主义来到中国之后，所面对的时代课题就是如何让一个半殖民地半封建的旧中国实现民族独立和人民解放。这就是马克思主义的中国使命，这一重大使命决定了马克思主义必须中国化。马克思主义在中国的传播，被许多先进知识分子接受并成为信仰。但在遵义会议召开前，年轻的中国共产党人对马克思主义的认识和运用无论就广泛性还是深刻性而言均存在局限性，有过成功的实践和经验，同时教条主义的错误也让中国革命付出了血淋淋的代价。遵义会议的召开，使我们党深刻反思教条主义的危害，认识到把马克思主义基本原理同中国具体实际相结合的必要性和紧迫性。

（一）马克思主义在中国的早期传播为民族救亡运动带来曙光

十月革命一声炮响，给我们送来了马克思列宁主义。李大钊是最早宣传马克思主义思想的革命先驱者。俄国十月革命后，李大钊先后发表了《法俄革命之比较观》《布尔什维主义的胜利》《庶民的胜利》等一系列宣传马列主义思想的作品。《我的马克思主义观》是李大钊传播马克思主义的重要著作，比较系统地介绍了马克思主义基本观点，在当时的思想界引起很大反响，标志着马克思主义在中国进入较为系统的传播阶段。经过五四运动的洗礼，中国共产党的主要创始人之一陈独秀的思想同样发生根本性转变，他的《本志宣言》《谈政治》等著作对传播马克思主义作出了积极贡献。

中国共产党成立前，马克思主义在中国的传播受到资产阶级自由主义、无政府主义、中国基尔特社会主义者等的质疑和责难。其中，“问题与主义”的论争颇具典型意义。通过与这些思潮的斗争，马克思主义进一步在中国得到广泛传播，被先进知识分子接受，使他们开始走上马克思主义道路。李大钊等早期马克思主义者在传播马克思主义过程中虽然未提出马克思主义中国化的概念，但坚信马克思主义能够救中国，并认为理论必须用来指导革命实践。“一个社会主义者，为使他的主义在世界上发生一些影响，必须要研究怎么可以把他的理想尽量应用于环绕着他的实境”。[1]同时应看到，一些传播者没有完整准确地理解马克思主义，没有确立

① 中国李大钊研究会编注:《李大钊全集（修订本）》第三卷，人民出版社 2013 年版，第 51 页。

马克思主义的信仰和立场，因而也就不可能实现马克思主义与中国实际、中国文化的结合。不过，早期的思想碰撞为中国共产党的成立和马克思主义中国化奠定了思想基础。正如习近平总书记指出:“在中国人民和中华民族的伟大觉醒中，在马克思列宁主义同中国工人运动的紧密结合中，中国共产党应运而生。中国产生了共产党，这是开天辟地的大事变，深刻改变了近代以后中华民族发展的方向和进程，深刻改变了中国人民和中华民族的前途和命运，深刻改变了世界发展的趋势和格局。”

（二）从党的成立到遵义会议前党对马克思主义的认识和运用

对中国共产党人而言，学习马克思主义基本原理是为了应用。事实上，一旦了解到马克思主义某方面的重要结论，便马上应用于实践，是早期中国共产党人的重要特征。从中国共产党成立到红军长征胜利期间，党在如何对待马克思主义问题上主要是学习和掌握其基本原理、重要结论，尤其是列宁主义的革命战略策略，并努力应用于革命实践。

在这一时期，党没有正式提出“马克思主义中国化”的概念，但始终在探索以马克思主义基本原理指导中国革命实践问题。在这一过程中有以毛泽东为代表的中国共产党人的正确探索，也有党内许多同志将马克思主义论断视为圭臬，教条化理解和执行，犯下右倾错误和“左”倾错误。对此，以毛泽东为代表的中国共产党人对党内教条主义的错误思想和行为进行了坚决斗争。一方面，在遵义会议之前，党在学习、认识和运用马克思主义的过程中，作出过一些符合中国国情的探索和实践。毛泽东运用马克思主义理论，剖析了中国社会阶级和阶层的结构，探究中国革命的对象、动力、前进方向、斗争方式和革命的主要内容。《中国社会各阶级的分析》《湖南农民运动考察报告》《中国的红色政权为什么能够存在？》等著作就是正确剖析中国社会阶层和革命的重要著作，《反对本本主义》还对纠正党内存在的一系列非马克思主义思想作出了有益探索。除此之外，党的其他领导人，在对土地革命、农民阶级、工人阶级、封建军阀和地主阶级、中国革命与世界革命关系、中国资产阶级复杂性的分析等方面也作出过有益的探索。但这些探索，没有成为党的最高领导机关的纲领性意见和认识。另一方面，这一时期中国共产党处于幼年时期，革命经验、理论储备不足。当时一些党员干部“反对党员对理论作比较深入的专门的研究”“似乎认为马列主义的理论，无须经过相当长期的埋头深刻的研究，就能把握得到的”①，结果是“阻止了党内理论水平的提高”，造成“党在思想上的准备、理论上的修养是不够的，是比较幼稚的”②。同时，在积极学习马克思列宁主义理论和苏联革命经验时，党内也出现教条主义错误，如照搬照抄苏俄革命经验，将工作重心放在城市，盲目组织城市武装起义就是重要表现。

从中国共产党成立到遵义会议之前，马克思主义中国化一直在曲折中发展。针对党内教条化认识和运用马克思主义的行为，以毛泽东为代表的中国共产党人一直在与错误路线、思想和行为作斗争，探寻马克思主义基本原理与中国革命实践相结合的正确方向。毛泽东作出的“没有调查，没有发言权”的著名论断就是要告诫全党，马克思主义必须与实际情况相结合，必须做到实事求是。如果

---

① 《刘少奇选集》上卷，人民出版社 1981 年版，第 218 页。

② 《刘少奇选集》上卷，人民出版社 1981 年版，第 220 页。

不开展调查研究，搞本本主义，就是唯心主义做法，将会导致机会主义、盲动主义。只有正确运用马克思主义，深入开展调查研究，才能制定出符合中国革命实际的正确道路和战略策略。

（三）纠正教条主义错误迫切需要符合马克思主义的正确路线

遵义会议前后，党所面临的革命局势非常严峻和复杂。当时，中央红军受到国民党反动派的围追堵截，生死存亡之际，如何改变之前的错误路线，重新确定符合马克思主义原则立场，探寻符合中国革命和战争实际的正确路线，成为党迫切需要回答的重大问题。

早在大革命时期，以陈独秀为首的中共中央存在右倾主义错误，对掌握革命政权问题存在错误认知。陈独秀在《我们现在为什么争斗？》中表明了当时的胜利应该是“国民政府国民军”。革命政权问题已经成为我们党不得不面对的问题。随着革命形势不断向前发展，在湖南、江西、湖北等地已经出现共产党员在县级、省级政权中任职的情况。但面对这种革命进步的表现和现象，中央的认识落后于这一革命形势的发展，并且对掌握革命政权存在错误的认知。1926 年，中共中央委托谭平山向共产国际请示，共产党员是否可以参加政府。在尚未收到共产国际答复之前，中共中央制止了共产党员参加政府的行为，要求共产党员必须立脚在野党的地位，并进一步要求共产党员辞去县长等职务。1926 年 7 月，党的四届中央执委会第二次扩大会议提出，“民族的资本主义建设”是国民革命运动的“前途”。陈独秀和中共中央大多数领导人对我们党直接领导武装力量也没有给予重视。北伐之前，黄埔军校毕业生中大概 2000 人为共产党员或共青团员。湖南、湖北、江西等地工人农民也夺取了大量的枪支弹药。同时，国民革命军中有些军官邀请共产党派人去帮助工作。然而，陈独秀反对利用这些有利条件来掌握武装力量。而且，中央还要求我们党和共青团员只是注意政治宣传的事，不可干涉到军事行政上的事。基于此，我们党在北伐过程中没有过多掌握正规武装，没有巩固和发展一定数量的工农武装。

八七会议以后，党转变了斗争形式，开展武装斗争和城市起义。但由于误判形势，盲目开展武装起义，“左”倾情绪逐步生成、蔓延开来。这次“左”倾盲动错误发生，原因是它发生在大革命失败到土地革命战争兴起的历史转折期。党内出于对国民党屠杀政策的愤怒，普遍存在急躁拼命情绪。同时，之前犯过右倾错误的人怕重新犯右倾错误，认为“左”比右好。1929 年到 1930 年间，国内外局势发生重要变化，“左”倾冒险错误开始逐步生成。从当时实际局势审视，党领导的革命力量与敌人相比仍然是比较弱小的，革命的高潮尚未形成。但是中共中央个别领导人误判革命形势，加之共产国际“左”倾指导思想，使党内逐渐形成“左”倾冒险错误即“立三路线”。中共中央认为革命形势向好，应该集中红军进攻大城市。1930 年 6 月，中央政治局会议上由李立三起草的《目前政治任务的决议》错误估计形势，认为武装起义可以取得一省或者几个省胜利，建立全国政权，进而取得全国性的胜利。

党的六届三中全会前后，由瞿秋白、周恩来为代表的党内领导人对“左”倾错误逐步进行纠正。王明自恃能得到共产国际的支持，攻击六届三中全会后的中央，试图改变中央政治局成分。1931 年 1 月，扩大的六届四中全会在上海召开，会议虽然宣称要更彻底反对“立三路线”，但决议宣布“立三路线”的实质是用右倾的词句掩盖其实际上的“左”倾教条主义。其实，四中全会就成为以王明为代表的“左”倾教条主义在党内统治的开端。“左”倾教条主义错误在党内的统治是多方面造成的。由于八七会议以后党内存在着浓厚的“左”倾情绪，另外还有共产国际的错误指示。王明将李立三的错误看作是“右”，是因为王明的政策比李立三更加“左”。王明《两条路线》的小册子中展现了其错误的思想，是“左”倾教条主义的政治纲领。王明坚持城市中心论，要求各地贯彻执行“左”倾教条主义方针，导致党内“残酷斗争”，大批优秀党员干部被污蔑和伤害。

在红一方面军连续取得三次反“围剿”胜利后，我们党和红军的革命根据地得到进一步巩固和壮大，于 1931 年 11 月成立了中华苏维埃共和国临时中央政府。在此基础上，虽然党和红军又取得了第四次反“围剿”的胜利，但是这并不意味着我们党已经能够正确运用马克思主义选择正确的路线。九一八事变之后，抗日救亡运动兴起，此时的中国共产党应该根据社会主要矛盾的变化制定新的战略策略，实施以抗日战争为中心的正确路线。然而，六届四中全会以后的中央没能依据形势变化作出相应调整，继续推行冒险主义和关门主义方针。1932 年一·二八事变发生后，上海民众反日会中的共产党党团主张把召集“工农兵代表会议”的口号改为召集“工农商学兵代表会议”的口号。但是临时中央领导者认为这个口号有“商”字，存在向资产阶级投降的意思。同时，有领导人提出要在这种排斥中间力量的基础上，在敌人力量强大的大城市实行武装夺取政权的革命运动。临时中央的领导者们没有将工作重心放在扩大抗日统一战线和抗战力量上，而是片面强调国民党政权与苏维埃政权的对立。冒险主义和关门主义的危害很大，最终“造成丧失无产阶级领导权的结果”[①]。

“左”的错误，特别是第三次“左”倾路线导致“中央所在地区第五次反‘围剿’战争的失败和红军主力的退出中央所在地区”[②]，是党内教条化运用马克思主义造成的重大损失和惨痛教训。当时“左”倾错误导致1933年在中央苏区开展了反对“罗明路线”和邓、毛、谢、古的斗争，这些斗争实际上是反对以毛泽东为代表的马克思主义正确路线，这更加强化了“左”倾错误方针在中央根据地的统治。1934年1月，中共临时中央在瑞金召开六届五中全会，将“左”倾错误推向高潮。会议通过的错误的军事战略战术使红军在国民党反动派的进攻下遭到更为严重的损失。1934年9月下旬，中央根据地仅存一些县的狭小地区，被迫进行战略转移，开启了伟大的长征。

教条化理解马克思列宁主义，不加思考地照搬照抄苏俄革命经验，盲目听从共产国际的指示，使党和红军遭受从未有过的重大损失。“崽卖爷田不心疼”，彭德怀这句痛心疾首的话也是广大红军指战员的心声。党内很多领导人不同程度地意识到照抄照搬马克思主义的个别论断、盲从苏俄革命经验在中国行不通。中国共产党必须开展调查研究，坚持实事求是，深入中国革命实际，不唯书不唯苏，这样才能制定出符合马克思主义和中国革命实际的路线方针。与前四次反“围剿”形成鲜明对比，第五次反“围剿”后红军的连续失利，加之湘江战役之后红军队伍的巨大减员，

---

① 中共中央党史研究室:《中国共产党历史》第一卷（1921—1949）上册，中共党史出版社2011年版，第346页。

② 中共中央文献研究室、中央档案馆编:《建党以来重要文献选编（1921—1949）》第二十二册，中央文献出版社2011年版，第86页。

使得广大党员、干部、指战员逐渐意识到这是排斥以毛泽东为代表的正确路线领导的后果。红军进入贵州以后，从黎平到猴场，一路的争论使得大部分的中央领导人意识到，必须召开一次政治局会议，总结经验教训，将马克思主义基本原理与中国实际相结合，着重解决军事上被动挨打的窘境。1935 年 1 月，遵义会议召开，会议改组了中央领导机构，事实上确立了以毛泽东为代表的马克思主义正确路线在中央的主导地位，从而挽救了党，挽救了红军，挽救了中国革命。

二、遵义会议推进马克思主义中国化的多维体现

遵义会议总结了第五次反“围剿”失败的深刻教训，批判了“左”倾教条主义的错误，在思想上、政治上、军事上、组织上艰难探索符合中国实际的前进之路，这也标志着我们党开始运用马克思主义基本原理独立自主地解决中国革命的重大问题，确立了马克思主义与中国革命实际相结合的正确路线。

（一）加快全党摒弃教条主义的行动和步伐

党的六届七中全会通过的《关于若干历史问题的决议》中指出：“一切政治路线、军事路线和组织路线之正确或错误，其思想根源都在于它们是否从马克思列宁主义的辩证唯物论和历史唯物论出发，是否从中国革命的客观实际和中国人民的客观需要出发。”[①] 党的六届四中全会后不久，第三次“左”倾错误路线开始在

① 《毛泽东选集》第三卷，人民出版社 1991 年版，第 987 页。

党内蔓延。坚持“左”倾错误路线的思想根源在教条主义。教条主义者违背了辩证唯物主义和历史唯物主义，把马克思列宁主义的普遍真理和中国革命的具体实践分割开来。教条主义者不是根据马克思列宁主义的立场、观点和方法来研究中国革命的实际情况而得出结论，以此作为中国革命的行动指南，再到革命实践中去验证这些结论是否正确，而是机械地把马克思列宁主义书本上的一些论断搬运到中国来当作教条，甚至把片面的、相对的真理夸大为普遍的、绝对的真理，不在乎这些所谓的真理是否符合中国当时的实际情况。因此，“他们的‘理论’和实际脱离，他们的领导和群众脱离，他们不是实事求是，而是自以为是，他们自高自大，夸夸其谈，害怕正确的批评和自我批评，就是必然的了。”[①]教条主义错误使第三次“左”倾错误路线在党内统治长达4年之久，最终导致了第五次反“围剿”的失败和长征初期红军的严重损失，引起了越来越多同志对“左”倾错误路线的怀疑和不满。在第三次“左”倾路线期间，以毛泽东为主要代表的马克思主义正确路线同党内“左”倾错误路线针锋相对。

在土地革命战争时期，毛泽东就提出了“没有调查，就没有发言权”“不做正确的调查同样没有发言权”“中国革命斗争的胜利要靠中国同志了解情况”等耳熟能详的论断，体现了他对实事求是原则的高度重视。长征初期，毛泽东较早意识到并批评了部分领导人违背战争规律的“左”倾教条主义思想所产生的巨大危害，认为“认清中国的国情，乃是认清一切革命问题的基本的根

① 《毛泽东选集》第三卷，人民出版社1991年版，第988页。

据”[1]。在毛泽东为主要代表的正确路线的指导下，中央红军和中央苏区从无到有，从小到大，不断地发展壮大。在毛泽东的正确战略方针指导下，红军第一、第二、第三和第四次反“围剿”斗争都先后取得了胜利，但是，后来由于“左”倾错误的影响，革命根据地日益缩小甚至被葬送掉。湘江战役中，红军遭受了重大损失，这也进一步暴露了“左”倾冒险主义军事路线的危害，以血的事实宣告了“左”倾冒险主义的破产，促使不少中国共产党人开始反思党内的“左”倾路线。

毛泽东把对中央高层领导同志的思想政治工作作为在党内贯彻“实事求是”思想的切入点，对王稼祥、张闻天等人做了细致的思想工作。张闻天回忆说：“对于我个人说来，遵义会议前后，我从毛泽东同志那里第一次领受了关于领导中国革命战争的规律性的教育，这对于我有很大的益处。”[2]在遵义会议进行过程中，毛泽东针对当时军事上的不利局面做了认真地分析、总结，实事求是地为红军制定了新的作战方略。比如，当时的一个核心议题就是中央红军要不要按照原计划与红二、红六军团会合。李德等人不顾敌情坚持要冲破敌人重兵围困去合兵，而毛泽东则主张避实就虚，改变原定行军路线，向敌人力量相对薄弱的地区进军。此前，在黎平政治局会议上作出了《中共中央政治局关于战略方针之决定》，政治局认为，新的根据地应该是川黔边地区，在最初应以遵义为中心之地区，在不利的条件下应该转移到遵义西北

① 《毛泽东选集》第二卷，人民出版社 1991 年版，第 633 页。

② 遵义会议纪念馆编：《遵义会议资料汇编》，中央文献出版社 2009 年版，第 89 页。

地区。越来越多的事实情况让广大党员和干部都逐渐认识到“左”倾错误对党和革命事业的极端危害性，认识到只有毛泽东代表的路线，才是引导中国革命胜利发展的正确路线。遵义会议前后，毛泽东、周恩来对于在“左”倾教条主义者领导下犯过错误的一些领导同志，做了耐心细致的说服工作，使他们开始觉悟，站到反对“左”倾冒险主义的立场上来，赞同毛泽东代表的正确路线。

实事求是思想路线在遵义会议中的成功实践，体现了以毛泽东为代表的中国共产党人把马克思主义基本原理与中国革命实践相结合，为了党和人民利益坚持真理、修正错误的精神。实事求是作为一项基本原则与方法贯穿于毛泽东思想之中。早在 1930 年，毛泽东在《反对本本主义》一文中，深刻批判了党内军内日益严重的教条主义，指出“离开实际调查就要产生唯心的阶级估量和唯心的工作指导”，并且预见到“它的结果，不是机会主义，便是盲动主义”，他说，“我们要大声疾呼，唤醒这些同志”。[①]然而，随着毛泽东领导地位被剥夺，毛泽东领导建立的革命政权与中央红军遭受了巨大的挫折。

实事求是是马克思主义中国化的要义和精髓，马克思主义中国化的过程是中国共产党逐渐走向成熟的过程，而实现这一转变的最为重要的事件就是遵义会议。一个政党的不成熟尤其是思想上的不成熟，表现为“唯书”与“唯上”，也就是教条主义，不能从实际情况出发，科学地、创造性地理解并运用马克思主义基本原理。教条主义已使红军遭受了惨痛的失败，乃至命悬一线，血的事实使中国共产党否定了此前的“左”倾教条主义路线，冷静地分析自己所

① 《毛泽东选集》第一卷，人民出版社 1991 年版，第 112—116 页。

面临的形势与出路，在实践中确立一切从实际出发、实事求是的思想路线。事实证明，“唯书”是学不好也学不通马克思主义的，只有从实际出发才能真正理解马克思主义、发展马克思主义。

（二）推动党对事关中国革命前途命运问题的正确认识

中国共产党成立后，陈独秀、瞿秋白、李立三等都试图运用马克思主义的科学理论指导中国革命探寻胜利之道，但由于共产国际和教条主义的束缚，在思想上还存在不少片面乃至错误的认识。

首先，在革命任务和阶级关系的问题上犯了错误[①]。早在大革命时期，毛泽东就指出中国革命的主要任务就是反帝反封建，而反帝反封建的基本内容就是农民的土地斗争，中国资产阶级民主革命的实质就是农民革命，因此必须正确对待中农和富农，尽可能地联合或者中立其他不同阶级。然而党内坚持“左”倾错误路线的领导人都低估了农民反封建斗争在中国革命中的决定作用，并主张把反资产阶级和反帝反封建并列。尤其是在九一八事变以后，中国阶级关系有了一个巨大的变化，但是当时的“左”倾路线不但认识不到这个变化，反而采取了极左的经济政策和劳动政策，使革命蒙受了巨大的损失。

其次，在革命战争和革命根据地的问题上犯了错误[②]。坚持“左”倾教条主义路线的领导者们，没有从中国的实际情况出发，既不了解半殖民地半封建的中国社会的特点，也不了解中国资产阶级民主革命实质上是农民革命，从而更不了解中国革命的不平

① 参见《毛泽东选集》第三卷，人民出版社1991年版，第971页。

② 参见《毛泽东选集》第三卷，人民出版社1991年版，第974页。

衡性、曲折性和长期性，从而低估了军事斗争特别是农民游击战争和乡村根据地的重要性[①]。他们从根本上反对毛泽东所主张的政治路线，所以在具体的革命实践过程中，总是不切实际地幻想城市的工人斗争和其他群众斗争能够一夜之间取得重大进展，如突然冲破敌人的高压而蓬勃发展，继而达到“一省数省地首先胜利”，最终形成所谓全国革命高潮和全国的胜利。在相当长的一段时间内，“左”倾主义者们都是以他们错误的观点来指导红军和根据地的各项工作，例如，他们主张阵地战，而反对游击战和带游击性的运动战；他们错误地强调所谓“正规化”，而反对红军的所谓“游击主义”；他们不知道适应分散的乡村和长期的被敌人分割的游击战争，以节省使用根据地的人力物力和采取其他必要的对策；他们在第五次反“围剿”中提出所谓“中国两条道路的决战”和所谓“不放弃根据地一寸土地”的错误口号[②]。后来的历史事实表明，这些错误的思想和政策为中国革命的各项工作带来了巨大的破坏。

毛泽东是中国革命战争实践中锻炼出来的杰出领袖，他先后撰写《中国的红色政权为什么能够存在？》《井冈山的斗争》《星星之火，可以燎原》等文章，对中国革命的特点进行了系统阐述，从理论上论证了这条革命道路的必然性。毛泽东始终主张“利用反革命内部的每一冲突，从积极方面扩大他们内部的裂痕”“反对孤立政策，承认争取一切可能的同盟者”。这些“利用矛盾，争取多数，反对少数，各个击破”的策略原则的运用，在他所领导的历次反“围剿”战争中，尤其在遵义会议后的长征和抗日民族统

① 参见《毛泽东选集》第三卷，人民出版社 1991 年版，第 976 页。

② 参见《毛泽东选集》第三卷，人民出版社 1991 年版，第 977 页。

一战线工作中，得到了光辉的发展。[①]

遵义会议上，针对临时中央在军事问题上的严重错误，毛泽东以杰出的领导才能与智慧解决了当时最为紧迫的军事问题。过去党内单纯强调组织处理，不重视从思想上解决问题，特别是王明教条主义宗派更是“不允许人家改正错误，不准革命”，他们对持不同意见的同志，动辄“残酷斗争，无情打击”，采取简单粗暴的方式追究个人责任，作组织处理，甚至“一棍子打死”。新的中央领导集体实行了党内斗争的正确方针，着重从思想认识上解决问题。会议认真开展了批评和自我批评，但是没有将斗争扩大化，也没有搞惩办主义。博古对第五次反“围剿”的失败和长征初期的严重损失负有主要责任，会议虽然取消了他的最高军事指挥权，但仍然让其参与中央集体领导，有职有权地开展工作，没有把他排斥在外。毛泽东正确处理党内问题的政策，使大家团结起来了，度过了最困难的时刻。[②]遵义会议后，一大批被“左”倾错误路线排挤打击的干部被起用，正确的政治路线为中国革命的胜利奠定了坚实的基础。

（三）对错误的军事路线进行深刻反思和彻底纠正

在中国革命历程中，军事斗争历来都是党的路线中最重要的问题，也是最迫切需要解决的问题。第三次“左”倾路线在军事问题上犯了严重的错误。首先在军事策略方面，坚持“左”倾路线的领导者们没有考虑中国革命以及红军的实际情况，忽略正确

① 参见《毛泽东选集》第三卷，人民出版社 1991 年版，第 979 页。

② 参见《邓小平文选》第一卷，人民出版社 1994 年版，第 339 页。

的军民、军政、官兵关系的教育，只是一味地把红军的任务简单缩小成为单纯的打仗这一项；忽略红军的实际情况，对红军提出不切实际的正规化要求，反而把当时红军应该发展的游击战争当作所谓“游击主义”来反对。其次在具体作战问题上，坚持“左”倾路线的领导者们否认了敌强我弱的前提，只是一味地要求阵地战和单纯依靠主力军队的所谓“正规”战，不考虑敌我双方的实际情况，只是简单幻想军事上的“全线出击”和“两个拳头打人”。在具体作战时，不了解正确的人民战争的实际情况，直接否定了游击战和带游击性的运动战，反对诱敌深入，把必要的转移当作所谓“退却逃跑主义”。第五次反“围剿”作战中，他们始则实行进攻中的冒险主义，主张“御敌于国门之外”；继则实行防御中的保守主义，主张分兵防御，“短促突击”，同敌人“拼消耗”；最后，在不得不退出江西根据地时，又变为实行逃跑主义。[①] 与他们完全相反的是以毛泽东为代表的正确的军事路线。毛泽东不但运用马克思列宁主义分析了中国革命的现实阶段与现实情况，也运用马克思列宁主义基本原理分析了红军的正确的军事路线。毛泽东的军事路线从两个基本观点出发：第一，我们的军队不是也不能是其他样式的军队，它必须是服从于无产阶级思想领导的、服务于人民斗争和根据地建设的工具；第二，我们的战争不是也不能是其他样式的战争，它必须在承认敌强我弱、敌大我小的条件下，充分地利用敌之劣点与我之优点，充分地依靠人民群众的力量，以求得生存、胜利和发展。[②]

---

① 参见《毛泽东选集》第三卷，人民出版社 1991 年版，第 984 页。

② 参见《毛泽东选集》第三卷，人民出版社 1991 年版，第 982 页。

遵义会议的重心是批判“左”倾路线在第五次反“围剿”和突围长征中军事指挥上的错误。首先由博古作第五次反“围剿”的总结报告，接着周恩来作副报告。会议最后认为，博古的报告“基本上是不正确的”。然后，毛泽东、王稼祥、张闻天、朱德、李富春、聂荣臻、彭德怀等在会上先后发言。张闻天发言的内容是反对“左”倾军事路线，他的报告提纲是毛泽东、张闻天、王稼祥等人集体智慧的结晶，是以毛泽东思想为主导的。随后毛泽东分析了“左”倾军事路线错误的症结所在，从军事上和组织上“反对博古同志的报告”。会议认为不能粉碎“围剿”的主要原因不是客观的而是主观的，即我们在军事领导上犯了单纯防御路线的错误，违反了中国国内战争中战略战术的基本原则。会议指出:“我们党正是由于军事指挥上在这个时期以及西征中是基本上错误的，因此在保卫苏区与顺利地粉碎五次‘围剿’的意义上来说，以及达到西征军预定的湘西目的地来说，是没有完成自己的任务。”①

遵义会议实事求是地对第五次反“围剿”以来失败的军事战略和战术进行了深刻的反思和总结。正如《遵义政治局扩大会议传达提纲》指出:“我们没有胜利的保卫中区来粉碎五次‘围剿’的原因，除了许多客观的而且重要的原因以外，最主要的原因，由于我们在军事指挥上战略战术上基本上是错误的。”② 遵义会议上这种严肃、深刻、务实、科学的军事路线批判和总结，使党从

① 中共中央党史资料征集委员会、中央档案馆编:《遵义会议文献》，人民出版社 2009 年版，第 38 页。

② 中共中央党史资料征集委员会、中央档案馆编:《遵义会议文献》，人民出版社 2009 年版，第 38 页。

“左”倾教条主义的束缚下解放出来，是马克思主义中国化实践主体方法自觉的重要体现。

（四）为服从组织纪律和保持党内团结树立典范

遵义会议之前，党内“左”倾错误路线占主导地位，错误的政治路线必然导致错误的组织路线；错误的政治路线在党内统治得越久，则其错误组织路线所带来的危害也越大。“土地革命战争时期各次‘左’倾路线，不但反对了毛泽东同志的政治路线，也反对了毛泽东同志的组织路线；不但形成了脱离党外群众的宗派主义（不把党当作人民群众利益的代表者和人民群众意志的集中者），也形成了脱离党内群众的宗派主义（不使党内一部分人的局部利益服从全党利益，不把党的领导机关当作全党意志的集中者）。尤其是第三次‘左’倾路线的代表者，在党内曾经把一切因为错误路线行不通而对它采取怀疑、不同意、不满意、不积极拥护、不坚决执行的同志，不问其情况如何，一律错误地戴上‘右倾机会主义’、‘富农路线’、‘罗明路线’、‘调和路线’、‘两面派’等大帽子，而加以‘残酷斗争’和‘无情打击’，甚至以对罪犯和敌人作斗争的方式来进行这种‘党内斗争’”。[①]

这种错误的党内斗争，逐渐演变成了执行“左”倾路线的同志们通过吓唬党员干部从而达到提高其威信的惯用手法，这无疑给党内组织生活带来了极大的危害：首先，极大破坏了党内民主集中制的基本原则，取消了党内批评和自我批评的民主精神，使党内纪律成为机械的纪律，发展了党内盲目服从、随声附和的倾

① 《毛泽东选集》第三卷，人民出版社 1991 年版，第 985—986 页。

向，因而使党内新鲜活泼的、创造的马克思主义之发展，受到打击和阻挠；其次，同这种错误的党内斗争相伴而生的，则是宗派主义的干部政策，宗派主义者不把老干部看作党的宝贵的资本，大批地打击、处罚和撤换中央和地方一切同他们气味不相投的、不愿盲目服从随声附和的、有工作经验并联系群众的老干部。他们也不给新干部以正确的教育，不严肃地对待提拔新干部（特别是工人干部）的工作，而是轻率地提拔一切同他们气味相投的、只知盲目服从随声附和的、缺乏工作经验、不联系群众的新干部和外来干部，来代替中央和地方的老干部。这样，他们既打击了老干部，又损害了新干部。很多地区，更由于错误的肃反政策和干部政策中的宗派主义纠缠在一起，使大批优秀的同志受到了错误的处理而被诬害，造成了党内极可痛心的损失。[①] 这种宗派主义的错误，使党内发生了上下脱节和其他许多不正常现象，极大地削弱了党。

只有有了正确的政治路线，才会有正确的组织路线；正确的政治路线同样需要正确的组织路线保证。土地革命战争时期的组织路线集中体现在：一方面把党的建设提到了思想原则和政治原则的高度，坚持无产阶级思想的领导，正确地进行了反对单纯军事观点、主观主义、个人主义、平均主义、流寇思想、盲动主义等倾向的斗争，指出了这些倾向的根源、危害和纠正的办法；另一方面又坚持严格的民主集中制，既反对不适当地限制民主，也反对不适当地限制集中。毛泽东从全党团结的利益出发，坚持局部服从全体，并根据中国革命的具体特点，规定了新干部和老干

---

① 参见《毛泽东选集》第三卷，人民出版社 1991 年版，第 987 页。

部、外来干部和本地干部、军队干部和地方干部以及不同部门、不同地区的干部间的正确关系。毛泽东就供给了一个坚持真理的原则性和服从组织的纪律性相结合的模范，供给了一个正确地进行党内斗争和正确地保持党内团结的模范。①

在党中央的组织领导变更上，正如陈云起草的《遵义政治局扩大会议传达提纲》所记载的，遵义政治局扩大会议的召集，是基于在湘南及通道的各种争论而由黎平政治局会议所决定的。扩大会议作出了下列决定:（一）毛泽东同志选为常委。……（三）常委中再进行适当的分工。（四）取消“三人团”，仍由最高军事首长朱、周为军事指挥者，而恩来同志是党内委托的对于指挥军事上下最后决心的负责者，“扩大会中恩来同志及其他同志完全同意洛甫及毛王的提纲和意见”，“扩大会完毕后中常委即分工，以泽东同志为恩来同志的军事指挥上的帮助者”，“在由遵义出发到威信的行军中，常委分工上，决定以洛甫同志代替博古同志负总的责任”。②这一系列的重大决策是我们党在与共产国际中断联系的情况下，结合当时革命实际，独立自主地作出的。遵义会议的决定顺应了当时党和红军内部对错误领导的不满并要求加以调整的呼声，是马克思主义中国化实践主体行动自觉的重要体现。

遵义会议在民主的基础上征求了较为广泛的党内领导干部的意见和建议，在坚持真理、修正错误中维护党的团结统一。首先，遵义会议坚持民主团结的精神。民主集中制是伴随着中国共产党的历史进程而不断发展和完善的，在遵义会议之前，由于党的不

① 参见《毛泽东选集》第三卷，人民出版社 1991 年版，第 985 页。

② 《陈云文选》第一卷，人民出版社 1995 年版，第 36—43 页。

成熟、共产国际的过分干涉以及党内民主制度不够健全等多方面的原因，使党内陆续出现严重的右倾、“左”倾错误，致使革命事业多次遭到严重挫折。遵义会议成功召开的经验表明，坚持发扬党内民主和实行民主集中制，为党的革命事业发展奠定制度保障。遵义会议前后的这段历史充分说明了坚持党的民主集中制的重要性。其次，坚持批评和自我批评的纠错机制是中国共产党维护党的团结统一的主要方式。遵义会议是中国共产党成功运用批评和自我批评的纠错机制正确开展党内斗争与民主团结的典范。历史表明，什么时候批评和自我批评坚持得好，党的事业就会兴旺发达；什么时候坚持得不好，党内政治生活就混乱无序。

三、遵义会议在推进马克思主义中国化中的重要意义

通过遵义会议，党在思想上更为先进、在政治上更为成熟、在组织上更为团结，为马克思主义中国化深入发展开启了正确方向、打下了坚实基础。从根本途径、重大理论成果的形成发展以及宣传传播看，在马克思主义中国化的进程中，遵义会议作出了不可磨灭的历史贡献。[①] 我们弘扬遵义会议精神，就是要自觉推动马克思主义中国化时代化，坚持不懈用习近平新时代中国特色社会主义思想凝心铸魂，不断从遵义会议中汲取理论的力量、真理的力量，走好新时代的奋进之路。

---

① 参见杨超:《遵义会议与马克思主义中国化新境界的开拓》,《南京政治学院学报》2010 年第 4 期。

（一）遵义会议是党实事求是、独立自主用马克思主义基本原理解决中国革命和党内重大问题的典范

马克思指出："一切划时代的体系的真正的内容都是由于产生这些体系的那个时期的需要而形成起来的。"[①]马克思主义中国化，就是要把马克思主义基本原理同中国实际和时代特征结合起来，运用马克思主义的立场、观点、方法研究和解决中国革命、建设、改革中的实际问题。对马克思主义理论的正确运用，要注重随时随地都要以当时的历史条件为转移。遵义会议是党独立自主运用马克思主义基本原理解决中国革命问题的一次伟大创举，是党第一次在没有共产国际干预下科学运用马克思列宁主义正确解决党内重大问题的一次重要会议。遵义会议翻开了马克思主义中国化的新篇章，是中国共产党独立自主、实事求是的光辉典范，极大地推动了马克思主义中国化的进程。

遵义会议对第五次反"围剿"以来错误的军事指挥和组织问题进行了严肃批判和总结，不再把共产国际的决议教条化、苏联革命经验神圣化，独立自主、实事求是地用马克思主义解决中国革命的具体问题。在军事上，结合红军当时所处的被敌人重兵包围的实际情况决定了下一步渡过长江去四川的行动方针和战争策略；在组织领导上，在批判博古、李德"左"倾错误的同时，自觉自主推选毛泽东进入党的领导集体，使党逐渐从"左"倾教条主义的束缚下解放出来。遵义会议挽救了党、挽救了红军、挽救了中国革命。遵义会议之后，红军胜利完成了长征，奠定了中国革命走向胜利的基

① 《马克思恩格斯全集》第三卷，人民出版社 1960 年版，第 544 页。

础。正如毛泽东指出："马克思列宁主义的普遍真理一经和中国革命的具体实践相结合，就使中国革命的面目为之一新。"[①]

（二）遵义会议为马克思主义中国化的第一次飞跃奠定了思想基础和组织基础

马克思主义中国化的一个显著标志，就是中国共产党人在中国革命的实践中坚持和发展了马克思主义理论，并且结合中国国情的实际对马克思主义进行了理论创新，并将这种已经中国化和创新的马克思主义用于武装全党，为中国革命、建设、改革和发展提供科学的指导。作为马克思主义中国化的重大理论成果，毛泽东思想的形成和发展经历了萌芽、形成、成熟、发展等阶段。遵义会议之所以成为挽救党、挽救红军、挽救中国革命的转折点，根本在于以毛泽东为代表的正确路线在党中央取得了主导地位。在遵义会议上，毛泽东在党和红军中领导地位的确立和巩固，为毛泽东思想形成发展奠定了基础。

遵义会议后，马克思主义基本原理同中国具体实际相结合的进程大大加快。至党的七大召开前，毛泽东先后发表了《实践论》《矛盾论》等著作，奠定了中国共产党在思想路线、领导策略、工作方法等方面的哲学基础。《论反对日本帝国主义的策略》《统一战线中的独立自主问题》《目前抗日统一战线中的策略问题》《论政策》等著作正确分析了当时中国革命任务主要矛盾的变化，在民族救亡图存之时，为更好凝聚全民力量对抗日军侵略，系统阐明了路线与政策。《抗日游击战争的战略问题》《论持久战》《战争

① 《毛泽东选集》第三卷，人民出版社 1991 年版，第 796 页。

和战略问题》等著作，是在正确分析中日两国在政治、军事力量敌强我弱形势下制定的中国战胜日本帝国主义的科学军事战略。《中国革命和中国共产党》《新民主主义论》《论联合政府》等著作，系统阐述了新民主主义国家理论和中国共产党在新民主主义革命中的地位与作用。《抗日时期的经济问题和财政问题》《必须学会做经济工作》等著作，为抗日根据地在应付敌伪“扫荡”下的经济建设、扩军备战、革命政权运转提供了富有成效的具体指导。《大量吸收知识分子》《在延安文艺座谈会上的讲话》等著作，鼓励知识分子与工农群众结合，提出了使文艺成为革命的一个组成部分，帮助人民同心同德和敌人作斗争的重要思想。《〈共产党人〉发刊词》《改造我们的学习》《整顿党的作风》等著作的发表，提出了为了中国革命的胜利，应建设一个什么样的党、如何建设党的问题，形成了中国共产党独具特色的建党思想和党建工作方式。这些先进的理论成果不仅是毛泽东思想的重要组成部分，也是中国共产党将马克思主义基本原理同中国革命实际相结合实现理论创新的重要体现。

遵义会议推动了马克思主义中国化的第一次飞跃。遵义会议以后，毛泽东思想不断走向成熟，随着中国革命形势的转危为安、走向胜利，毛泽东思想也在中国革命的实践检验中形成了比较完整的理论体系，最终在党的七大被确立为中国革命和建设的指导思想。党的七大后，全党掀起了学习毛泽东思想的热潮，毛泽东思想对全党的理论武装逐渐转化为巨大的组织思想保证和全党的行动力量，取得了抗日战争、解放战争的辉煌胜利和各项革命事业的蓬勃发展。这不仅是马克思主义在中国的胜利，也是马克思主义中国化理论创新的胜利，彰显了马克思主义中国化的真理力量。

（三）遵义会议期间红军向群众广泛宣传党的路线方针政策和马克思主义，推动了马克思主义的大众化

马克思主义中国化的过程是一个马克思主义大众化的过程，就是一个把马克思主义基本原理、基本观点通俗化、具体化，让中国广大人民群众更好去理解、去接受、去运用的过程。

红军长征途中，十分注重运用多种形式宣传马克思主义理论和党的路线方针政策，拉近马克思主义、党的领袖同各阶层大众的距离，为革命胜利奠定了深厚的群众基础。红军攻克遵义后，在短暂的休整期间，各部队成立宣传队，运用“宣传鼓动棚”、快板书、顺口溜、标语、诗歌、漫画等各种简单易行、明快的形式，关注大众需求、回应大众关切、解答大众困惑，让马克思主义在大众中具有了吸引力、感召力和说服力。1935年1月12日，朱德、毛泽东等在遵义的省立第三中学参加了万人大会，阐明红军是工人农民自己的队伍，有严格的纪律，自觉遵守“三大纪律八项注意”，并宣传红军的主张，愿意联合国内各党派、军队和一切力量共同抗日；指出红军是工农的子弟兵，是保护群众利益的坚强后盾，有着崇高的理想和铁的纪律，与国民党军阀有着本质的区别；号召劳苦大众参加红军，打败反动派和日本帝国主义。红军在遵义期间，毛泽东、周恩来、朱德、张闻天、王稼祥等中央领导人深入群众开展马克思主义宣传，通过打土豪、分浮财，真心帮助老百姓解决实际问题，增进了群众对中国共产党和红军的理解和支持。短短的12天时间，遵义地区就有4000多名青年踊跃参加了红军，遵义人民还为红军赶制了1万多套棉衣棉裤。遵义太平洋药房的老板谌明道不顾个人安危，把太平洋药房的药品和医疗

器械全部平价卖给红军，价值 1000 多块银元，使红军总卫生部部长贺诚深受感动。党和红军在遵义的宣传对青少年学生影响很大，不少青年学生在党和红军的影响下参加红军，走上革命道路。[①]

这些生动的事例说明，在马克思主义中国化进程中，要让马克思主义中国化的成果为群众所接受，就要走大众化的道路，让群众看得懂、用得上，运用通俗易懂、为人民大众喜闻乐见的表达形式传播马克思主义，使理论从理论家的书本上、从思想家的书斋中解放出来，转变为广大人民群众改造世界的巨大物质力量。

（四）遵义会议对深化“两个结合”具有重要意义，为推进中国式现代化提供了宝贵的方法论启示

遵义会议是“第一个结合”的重要历史节点。马克思列宁主义推动了中国共产党的诞生。然而，在一个半殖民地半封建的东方大国进行革命，是马克思主义发展史上前所未遇的难题。年轻的中国共产党没有革命经验，一度简单套用马克思列宁主义关于无产阶级革命的一般原理和照搬俄国十月革命城市武装起义的做法，不仅没有取得革命的成功，反而遭受严重挫折。历史危急关头，遵义会议对第五次反“围剿”以来的军事问题经验教训进行总结。以毛泽东为代表的马克思主义者详细阐述了诱敌深入、集中优势兵力、运动战、保持有生力量和保卫苏区领土的关系等问题。这些基于准确把握中国革命实际的军事思想在党内得到了广泛的认同和支持，并以遵义会议决议的形式被正式确立，拉开了

① 参见王志力:《朱德在遵义会议前后的群众工作》,《福建党史月刊》2017 年第 6 期。

中国革命崭新序幕。

遵义会议体现了“第二个结合”的思想要素。习近平总书记在文化传承发展座谈会上指出：“马克思主义和中华优秀传统文化来源不同，但彼此存在高度的契合性。”这意味着，遵义会议的“第二个结合”不是偶然，而是有着深刻的历史基础、哲学基础、文化基础和社会基础，本身就包含着中华优秀传统文化的内核。毛泽东在《中国革命和中国共产党》中指出，“中国是世界文明发达最早的国家之一，中国已有了将近四千年的有文字可考的历史”“在中华民族的开化史上，有素称发达的农业和手工业，有许多伟大的思想家、科学家、发明家、政治家、军事家、文学家和艺术家，有丰富的文化典籍”。[①]毛泽东自信中国是一个历史悠久而又富于革命传统和优秀遗产的国家，事实也是如此。中国共产党对中国文化的总体评价和恰当定位，为“第二个结合”提供了重要支撑。比如，从毛泽东在遵义会议上提出的军事战略思想，可以看到马克思主义基本原理同中华优秀传统文化相结合的实践智慧。中国古代军事思想提倡“以正合，以奇胜”的观念，契合了马克思主义军事思想中灵活运用战略战术、注重创新的思想，成就了红军长征途经遵义后四渡赤水的军事奇迹。中国古代军事思想常言“兵无常势，水无常形”的观点，这与马克思主义军事理论中的辩证法思想也相契合。如何以弱小的力量战胜强大的敌人？这是摆在中国红军面前的现实问题。实际上，中国古代军事思想对毛泽东的影响是存在的，他结合中国革命的实际，在长期的军事斗争中总结出了“敌进我退，敌驻我扰，敌疲我打，敌退

① 《毛泽东选集》第二卷，人民出版社 1991 年版，第 622—623 页。

我追”军事作战原则，实践证明是行之有效的。

运用好遵义会议的历史经验，对于我们在新征程上不断深化“两个结合”、谱写马克思主义中国化时代化新篇章具有重要启示。一方面，要以问题为导向，不断创造新时代中国特色社会主义新辉煌。习近平新时代中国特色社会主义思想是当代中国马克思主义、二十一世纪马克思主义。在新的历史条件下，把马克思主义基本原理同中国具体实际相结合，就是要根据国内外形势的新变化新要求，运用习近平新时代中国特色社会主义思想的世界观和方法论，聚焦实践遇到的新问题、改革发展稳定存在的深层次问题、人民群众急难愁盼的问题、国际变局中的重大问题、党的建设面临的突出问题，深刻洞察人类发展进步潮流，提出富有创新性的理念、思路与策略，科学回答中国之问、世界之问、人民之问、时代之问，探索面向未来的理论和制度创新。

另一方面，要推动中华优秀传统文化的现代转化，凝聚起中国人民深厚的文化自信与内在的精神力量。在新的历史条件下，把马克思主义基本原理同中华优秀传统文化相结合，要善于从五千多年的深厚文明积淀中汲取安邦理政的治国之道、修身处世的道德理念、格物究理的思想方法、质文兼具的表达方式，把马克思主义思想精髓同中华优秀传统文化精华贯通起来、同人民群众日用而不觉的共同价值观念融通起来，将其中同社会主义核心价值观具有高度契合性的思想内涵和文化精华予以创造性转化、创新性发展，使中华优秀传统文化迸发出凝聚人心、汇聚民力的强大精神力量，不断夯实马克思主义中国化时代化的历史基础和群众基础。

第三章

遵义会议与民主集中制研究

在长征初期失利的特殊历史条件下，党和红军的前途命运面临着重大抉择。在这危急的历史关头，遵义会议通过贯彻执行民主集中制，正确开展党内斗争，达到了坚持真理、修正错误的目的，使党和红军的前途命运实现了伟大转折。可以说，遵义会议是党的历史上贯彻执行民主集中制的一次实践典范。

一、遵义会议前我们党对贯彻执行民主集中制的实践探索

民主集中制是马克思主义政党的根本组织原则和领导制度，中国共产党成立后，就逐步把民主集中制应用到自身的组织建设和根据地政权建设实践中。但在早期由于党内多次出现“左”倾、右倾两个方面的错误，以致在党内政治生活中贯彻执行民主集中制上曾经一度发生严重曲折，给党领导的革命事业造成了严重损害。

（一）民主集中制逐步确立为我们党的根本组织原则

作为无产阶级政党组织原则和领导制度的民主集中制，马克思、恩格斯在领导第一国际实践中初步提出了民主与集中相结合的无产阶级政党组织原则，列宁在创建无产阶级政党的实践中总结革命经验的基础上正式提出和阐明的思想观点，后被共产国际（第三国际）确定为该组织的重要原则。1905 年 12 月，在

由布尔什维克召开的俄国社会民主工党[1]第一次代表会议上，列宁说："俄国社会民主工党是根据民主的原则组织起来的。这就是说，党的一切事务由一律平等的全体党员处理或者通过代表来处理；并且，党的所有负责人员、所有领导人员、所有机构都是选举出来的，是必须向党员作工作报告的，是可以撤换的。"[2]1906 年，俄国社会民主工党第四次代表大会通过的党章规定：党的一切组织是按民主集中制原则建立起来的。列宁申明，集中制有专制主义的集中制、官僚主义的集中制，而俄国社会民主工党所实行的则是民主的集中制。

中国共产党的创立、发展与中国共产党人对民主集中制的认识紧密相连。中国共产党成立前，早期马克思主义者就提及民主集中制。例如，1920 年由上海共产主义小组创办的《共产党》创刊号中发表的《列宁的历史》文章，就认为列宁绝对的主张该党应采用中央集权制。这个认识主要来自 1903 年列宁在俄国社会民主工党第二次代表大会上提出的"集中制"主张，开始有了对无产阶级革命领袖关于贯彻执行民主集中制意义的初步思考。后来，在党的创立和发展中，运用了列宁主义关于"民主集中制的共和国"这一思想。

党的一大、二大虽然没有明确提到民主集中制概念，但在多个具体规定中体现了这一原则。1921 年，党的一大通过的《中国共产党第一个纲领》就作出"本党承认苏维埃管理制度[3]，把工农劳动者和士兵组织起来"的规定。1922 年，党的二大在《关于共

① 1918 年 3 月，该党改称俄共（布）。

② 《列宁全集》第十一卷，人民出版社 1963 年版，第 418 页。

③ "苏维埃管理制度"即列宁把党的民主集中制运用于苏维埃国家政权，在苏维埃国家机关中实行民主集中制。这个管理制度也就代表着民主集中制。

产党的组织章程决议案》中提出我们共产党“应当是无产阶级中最有革命精神的广大群众组织起来为无产阶级之利益而奋斗的政党，为无产阶级做革命运动的急先锋”，蕴含了坚持民主集中制原则创建群众政党的理念。党的二大通过的《中国共产党章程》还作出“全国大会及中央执行委员会之决议，本党党员皆须绝对服从之”“下级机关须完全执行上级机关之命令”“本党一切会议均取决多数，少数绝对服从多数”等纪律规定。1923 年，党的三大通过的《中国共产党中央执行委员会组织法》，对中央执行委员会的委员长、秘书及会计的职责作出明确分工，形成了“集体领导、分工负责、互相监督、互相制约”的重要制度，目的在于保障党内民主，避免个人专断独裁，这无疑是民主集中制理论在实践中的重要体现。1925 年，党的四大召开前，中央向地方党组织发出征求意见信，希望各区、各地方委员会、各独立组组长对党的各种政策、国民党各种实际运动及党内教育上组织上各事发表意见，并在会上讨论，结果报告中央局。这种党代会前在党的基层组织讨论党内政策事务和党外运动，并向中央局报告意见的做法，表明民主集中制在党内民主实践中逐步深化。党的四大通过的《对于组织问题之议决案》还在总结经验的基础上，提出要使中国劳动群众有觉悟地反对帝国主义和资本主义就要“扩大党的数量，实行民主的集权主义，巩固党的纪律”。1927 年，党的五届中央政治局通过的《中国共产党第三次修正章程决案》在第二章“党的建设”部分明确作出“党部的指导原则为民主集中制”“按照民主集中制的原则在一定区域内建立这一区域内党的最高机关，管理这一区域内党的部分组织”等规定。这些规定确立了突出集中指导和管理的民主集中制，为党的发展壮大提供了制度保障。1928 年，党的六大通过的章程比党的五大章程更为明确地作出“中国共产党与共产国际的其他支部一样，其组织原则为民主集中制”的规定，同时还规定了三条根本原则[①]，第一次将民主集中制确定为党的组织原则。这次会议通过的《政治议决案》还提出党在失败后的主要任务就是加强自己的战斗力及党的无产阶级化，其中第三条任务是实行真正的民主集中制；秘密条件之下尽可能地保证党内的民主主义；实行集体地讨论和集体地决定主要问题；同时反对极端民主主义的倾向。这是对以前党内存在的比较突出的家长制作风的纠正，昭示着党对贯彻实行民主集中制更加科学的认识。

中国共产党不但继承了列宁关于党的组织原则的思想，而且在革命初期就把民主集中制应用到自身的组织建设中，并在实践探索中持续深化对贯彻执行民主集中制的规律性认识。由此可见，遵义会议前党已经充分认识到以制度形式将民主集中制确立为党的根本组织原则的思想的重要性，同时也充分认识到实行民主集中制的组织原则和集体领导对于确保决策正确科学、正确处理党内关系、维护党的团结统一、巩固党在革命中领导地位的组织保证的重要性。

（二）遵义会议前党的民主集中制在实践中存在不少问题

从党成立至遵义会议前，由于党尚处在幼年时期，党内长期

① 三条根本原则：1. 下级党部与高级党部由党员大会、代表会议及全国大会选举之；2. 各级党部对选举自己的党员，应作定期的报告；3. 下级党部一定要承认上级党部的决议，严守党纪，迅速且切实的执行共产国际执行委员会和党的指导机关之决议……党员对党内某个问题，只有在相当机关对此问题的决议未通过以前可以举行争论……

存在“左”的错误思想指导，这又与共产国际对中国的实际情况了解不够，以致作出不少不当干预分不开，使得民主集中制在党内的贯彻执行曾经一度脱离中国革命的实际情况，造成了严重消极后果，这也对党从理论上深化认识、从制度上健全完善民主集中制提出了迫切要求。

家长制作风破坏了党的集体领导和正常的党内政治生活。家长制的主要表现是反对集体领导，实行专断主义。如果家长制、一言堂作风盛行，其结果必将使个人权力凌驾于组织之上，个人意志取代集体领导。在井冈山革命斗争时期，毛泽东就提出要“在组织上，厉行集中指导下的民主生活”①。大革命的失败与共产国际的一些不当干预的确分不开，也与革命力量不够强大和陈独秀的家长制作风等原因有关。由于性格比较倔强固执、思想比较武断专制，陈独秀在党内有时不经过集体讨论就直接作出重大决定。20 世纪 30 年代初，王明在党的六届四中全会后被共产国际扶植上台，将这种家长制、一言堂的作风发挥到极致。由于六届四中全会和其后中央采取的措施得到共产国际全盘肯定，王明的“左”倾错误以“国际路线”的名义在全党推行。“左”倾教条主义者在党内政治生活和斗争问题上，将共产国际关于“集中火力反对右倾主要危险”的要求绝对化，对凡是表示怀疑或不同意“左”倾错误主张的同志，统统戴上“右倾机会主义”“富农路线”“调和主义”的大帽子，使革命力量遭到不应有的令人痛心的损失。后来，邓小平曾深刻指出：“革命队伍内的家长制作风，除了使个人高度集权以外，还使个人凌驾于组织之上，组织成为个

① 《毛泽东选集》第一卷，人民出版社 1991 年版，第 89 页。

人的工具。家长制是历史非常悠久的一种陈旧社会现象，它的影响在党的历史上产生过很大危害。陈独秀、王明、张国焘等人都是搞家长制的。”[①] 从中可以看到，党内存在的家长制作风不仅严重破坏了党的集体领导，还严重地破坏了正常的党内政治生活。

惩办主义压制党内发表正确意见。1933 年 1 月，由于党在白区的工作遭到严重破坏，以博古为首的临时中央被迫从上海迁往中央革命根据地瑞金，他们不但不对造成此前严重损失的错误根源进行深刻反思，反而于 2 月 15 日由中共中央局迅速作出“在党内立刻开展反对以罗明同志为代表的机会主义路线的斗争”的决定，紧接着在江西开展了反邓小平、毛泽覃、谢唯俊、古柏的“江西罗明路线”斗争，在反“军队中的罗明路线”中把萧劲光抓起来，判处“五年监禁徒刑”，他们这样做的目的是要进一步贯彻“国际路线”或“进攻路线”。这样，王明路线通过一系列的斗争，实现了对苏区和红军领导权的控制，使王明“左”倾教条主义在中央苏区和邻近苏区得到了进一步贯彻。那时，因王明等人用教条主义吓唬人，唬住了党内一些理论水平不高的同志，使党内存在浓厚的“左”倾思想情绪，也使一些人盲目地服从错误的路线和政策。总的说来，那时在江西、福建、湘赣三个苏区内，凡是对推行“进攻路线”不积极、不支持、不满意的干部一律加以打击，“残酷斗争、无情打击”到达登峰造极的地步。实际上，这些斗争针对以毛泽东为代表的正确路线，打击毛泽东在中央苏区的影响，为推行“左”倾教条主义消除反对声音。残酷的惩办方式，不但扼杀了党内民主，压制着党内正确意见的发表，还造成一种

① 《邓小平文选》第二卷，人民出版社 1994 年版，第 329—330 页。

高压态势和恐怖气氛，使人们不敢讲话。这种过火的党内斗争方式有其外部根源，它是联共（布）传给共产国际后，又经共产国际传给中国共产党的“左派”幼稚病。这种问题同宗派主义的干部政策和错误的肃反政策纠缠在一起，使大批既对党忠诚又很优秀的革命同志遭到错误处理，甚至惨遭杀害，制造了大量的冤案错案。

宗派主义的干部政策破坏了党的团结统一。八七会议后，就在组织上开始了宗派主义的过火的党内斗争。特别是王明上台后，以其为代表的教条主义者唯共产国际和苏共之命是从，有严重的宗派主义倾向，将从实际出发的同志视为右倾并加以批判和打击。当时的中央文件连篇累牍地指示各地开展“反右倾”的斗争。为了使上述中央制定的文件变成全党实际行动，王明与当时的中央采取了两个主要措施：一是实行顺我者提拔、重用，逆我者打击、斗争的宗派主义干部政策；二是实行“钦差大臣满天飞”的领导体制，派“中央代表”去指导、监督地方党组织。这些“中央代表”在工作中严重违反民主集中制原则，把个人凌驾于党组织之上。例如，王明把上海各区的区委书记都作了调整。又如，向各苏区派中央代表或中央代表机构，实行巡视员制度，还赋予代表或代表机构“必须立即改正”各苏区在政策上“所犯的错误”的任务。这种宗派主义干部政策，是在“改造和充实党的各级领导机关”的总口号下实施的，目的就是撤换掉那些怀疑、抵制“左”倾错误的人，换上执行王明“左”倾主张的人。1937 年 5 月，毛泽东在延安召开的中国共产党全国代表会议上所作的报告就指出:“我们党在民众运动中，有严重的关门主义、高慢的宗派主义和冒险主义的传统倾向，这是一个妨碍党建立抗日民族统一战线和争取多数群众的恶劣的倾向。在每一个具体的工作中肃清这个倾向是完全必要的。”[①]后来，毛泽东在延安整风运动中深刻分析了宗派主义的危害，即对内的宗派主义倾向产生排内性，妨碍党内的统一和团结，对外的宗派主义倾向产生排外性，妨碍党团结全国人民的事业。宗派主义实际上是主观主义在组织关系上的一种表现，它在实质上就是拉帮结派，搞团团伙伙，不仅妨碍党内的统一和团结，也妨碍党团结全国人民的事业。事实上，那个时候王明这种宗派主义的干部政策最直接的后果就是破坏了党内团结，背离了党的民主集中制。

共产国际的不当干预导致党内政治生活陷入极不正常的状态。共产国际章程规定，共产国际各支部必须服从并毫无迟疑地执行共产国际执行委员会的各项决议，各支部必须执行共产国际执行委员会各常设局的各项指示。以此规定为根据，共产国际凭借其权威，在各国执意推行其国际路线，如果有人对共产国际的指示提出不同意见或在执行中稍有走样，立即就会被扣上“右倾分子”“调和分子”“反对国际路线”等帽子，施以严厉处分、制裁，给不少国家的革命带来灾难。就我国来说，20 世纪 20 年代后期和 30 年代前期，共产国际在关于中国革命形势的估计、中国革命的性质、中国革命的路线策略以及中国革命的道路问题上，共产国际和斯大林形成了一些“左”倾错误认识，据此指导甚至干预中国革命。这也导致中国共产党内一度盛行把马列主义教条化、把共产国际决议和苏联经验神圣化的严重倾向，使得党内政治生活缺乏民主，陷入极不正常的状态，这种错误倾向使中国革命几乎陷于绝境。在共产国际家长式包办代替干预和控制下，王明获得党内领导权，照搬俄国和

---

① 《毛泽东选集》第一卷，人民出版社 1991 年版，第 264 页。

苏联经验及共产国际决议，脱离中国实际，使得教条主义、宗派主义在党内盛行。党内一些将马克思主义与中国革命实际相结合、特别是坚持按照根据地实际领导红军作战的同志却屡遭打击和排挤，毛泽东的正确主张不但长期被批判，而且其军队领导岗位也被排挤掉，使得我党在军事指挥上教条主义和冒险主义盛行，中央苏区第五次反"围剿"和长征初期遭到严重失败。

封建主义和小资产阶级思想影响民主集中制的贯彻执行。中国有着数千年的封建专制文化传统，这对我们的政治生活有着很深影响。遵义会议前，党内存在的个人专断、宗派主义等，都与封建专制主义思想残余相关。此外，几千年的小农经济和家庭本位的生活方式、血缘宗法关系等也影响着社会政治、经济制度。中国共产党成立后，占党员人数绝大多数的并不是工人，而是农民和小资产阶级。党的六大时，在全部 4 万多名党员中，工人出身的党员占比 10%，农民出身的党员占比 76%，小资产阶级等其他成分出身的党员占比 14%。毛泽东在延安文艺座谈会上指出："我们有许多同志还不大清楚无产阶级和资产阶级的区别。有许多党员，在组织上入了党，思想上并没有完全入党，头脑里还装着许多剥削阶级的脏东西，根本不知道什么是无产阶级思想，什么是共产主义，什么是党。"[①] 这在后来党的六届七中全会通过的《关于若干历史问题的决议》中作有深刻总结："左"倾路线的错误的产生，"不是偶然的，它有很深的社会根源"，"小资产阶级思想在我们党内常常有各色各样的反映，这是必然的，不足为怪的"。封建专制主义思想残余和小资产阶级思想影响着马克思主义民主集中制的贯彻执行。

---

① 《毛泽东选集》第三卷，人民出版社 1991 年版，第 875 页。

二、遵义会议创造性运用党的民主集中制的基础条件

"左"倾错误领导，尤其是第五次反"围剿"，特别是成立"三人团"以来至长征初期的湘江战役，在党的领导特别是军事领导上完全变成了共产国际军事顾问李德一个人的包办代替，作为党内负总责的最高领导人博古一味附和李德，完全听不进中央其他领导同志的意见和建议，更不要说军团首长的意见，可以说已经严重破坏了党的集体领导，结果就是造成中央根据地第五次反"围剿"失败，红军处在生死存亡的最危急关头。其主要原因就是博古等少数领导人不坚持中央集体领导，违背民主集中制，排斥以毛泽东为代表的正确主张，贯彻执行中央少数人的错误路线所致。面对更加严峻的形势，再坚持这种错误领导，中央红军势必要遭遇全军覆没的危险，所以过了湘江后党中央先后在湖南通道的县溪镇、贵州黎平的翘街和瓮安的猴场镇召开会议，再加上其他重要的个别酝酿，为问题的根本解决准备了基础条件，也为会议的成功召开提供了十分重要的保证，推动遵义会议成为党中央自觉贯彻执行和创造性运用党的民主集中制的成功典范。

（一）中央集体领导逐步恢复

坚持集体领导是遵义会议贯彻实行民主集中制的重要体现。中央红军渡过湘江后，经过艰难行军，于 1934 年 12 月 10 日到达位于湘桂黔三省交界的通道县，又一次面临生死抉择。根据掌握的最新敌情，蒋介石又集结重兵，在通道以北地区构筑碉堡线，但是博古、李德不顾敌情变化的客观实际，依然坚持北上，准备

前往湘西根据地。基于形势所迫，12 月 12 日，随中央纵队行军的部分中央领导人在通道召开紧急会议，研究红军的下一步行动方向。毛泽东与博古、李德等人展开了激烈辩论，极力劝说博古、李德二人放弃与红二、红六军团会合的目标。会议最终采纳了毛泽东的正确主张，以集体的力量制约了李德家长制式的独断专行，为恢复党的民主集中制的组织原则和领导方式跨出了第一步。通道会议经过集体研究，以中革军委的名义向各军团和纵队发出"万万火急"电令，转兵西进贵州，客观上为遵义会议的召开揭开了序幕，促成了军事战略方针在后来的转变。实际上，从湘南特别是湘江战役后，到这次会议召开，上至中央，下至军团和红军总部，早就有许多人对领导错误有意见了，要求毛泽东出来指挥红军。这次会议结束后的一段时间，毛泽东此前在中央遭到排斥和打击的状况才得到逐步改变，开始形成中央大多数同志对毛泽东正确主张的支持、赞成和拥护的局面，为遵义会议的召开创造了条件。这次会议虽然只有 7 人参加，但级别很高，是中共中央负责人紧急会议。通道会议上，周恩来、张闻天、王稼祥等多数同志赞成和支持毛泽东的主张，做到了少数服从多数，这在客观上既是对多数人要求改变错误领导呼声的回应，也是对多数意见形成的舆论氛围的重视，以初步恢复集体领导的形式奠定了创造性运用党的民主集中制的舆论基础。

中央红军转兵贵州后，12 月 18 日在黎平县城召开了中央政治局特别会议，从继续研究红军的进军路线问题深化成战略方针问题。在经过又一番集体讨论、争论后，中央政治局最终形成了体现集体意志的《中共中央政治局关于战略方针之决定》，放弃与红二、红六军团会合的计划，决定向以遵义为中心的黔北地区进行战略转移，并且还决定在适当的时候召开政治局扩大会议，以便审查黎平会议的决定和总结第五次反“围剿”以及长征以来军事指挥上的经验教训。实际上，在黎平会议上，很多同志已开始自觉坚持马克思主义基本原理同中国具体实际相结合思考战略问题，当然，这也同毛泽东与许多同志进行思想沟通、做他们的思想工作分不开。黎平会议是以政治局名义召开的特别会议，逐步增强了集体领导的地位，奠定了创造性运用党的民主集中制的思想基础。

当中央纵队行军到达乌江南岸不远处的瓮安县猴场古镇时，因先头部队一时未能从江界河渡过乌江，李德又开始给博古说不过乌江，沿乌江南岸向东打游击，建立临时根据地，逐渐转向湘西与红二、红六军团会合，受其影响，博古对渡过乌江出现了犹豫。鉴于此，1934 年 12 月 31 日夜，中央政治局在猴场附近宋家湾村召开会议，研究强渡乌江和渡江后的行动方针问题，会议一直持续到 1935 年 1 月 1 日天亮。会议重申“黎平会议”决定精神，作出了《中共中央政治局关于渡江后新的行动方针的决定》，并且基本结束了“三人团”的军事指挥。《决定》明确规定：“关于作战方针，以及作战时间与地点的选择，军委必须在政治局会议上做报告”“责成书记处与军委保持同二、六军团与四方面军的密切的通讯联络。加强对于他们在政治上与军事上的领导，使他们以积极的行动来配合我们的反攻。”[①] 针对党内存在的问题，猴场会议决议明确规定“三人团”取代军委所作出的作战方针，必须在政治局会议上作报告。这就把“左”倾领导人手中的军事大权收归政

① 中央档案馆编：《中共中央文件选集（1934—1935）》第十册，中共中央党校出版社 1989 年版，第 446 页。

治局，而由政治局集体来决定重大原则问题，恢复了党对红军的领导和由政治局作重大决策的集体领导制度，开始实质性改变党内政治生活的不正常现象。这为遵义会议的顺利召开在组织上和制度上提供了基本保证。事实上，此时最高“三人团”的最高决定权已经名存实亡，毛泽东开始有了军事上的发言权并得到政治局多数人的支持，其结果有利于重新确立毛泽东在红军中的领导地位。猴场会议坚持了党的集体领导原则，限制了博古、李德独揽的军事指挥权，否定了他们在党内的决策专断权，也否定了不过乌江要去湘西的动摇意见。猴场会议以中央政治局集体的决定恢复了政治局的领导地位，奠定了创造性运用党的民主集中制的制度基础。

1935 年 1 月 15 日至 17 日，党中央在遵义老城红军总司令部驻地召开了政治局扩大会议，会议由党中央总负责人博古主持。陈云在《遵义政治局扩大会议传达提纲》中记载：“当着红军占领遵义以后政治局扩大会议即行开幕，参加这个会议的同志除政治局正式及候补委员以外，一、三军团的军团长与政治委员林聂、彭杨及五军团的政治委员李卓然、李总政主任及刘参谋长都参加。会议经过三天，做出了自己的决议。”[①] 扩大会议一致决定改变黎平会议以黔北为中心来创造苏区根据地的决定，一致决定红军渡过长江在成都之西南或西北建立苏区根据地。扩大会议最后作了决定，增选毛泽东为常委，从而补充了常委组成人员，也对常委分工再进行了适当调整，特别是取消了“三人团”，调整了军事领导

① 中共中央党史资料征集委员会、中央档案馆编：《遵义会议文献》，人民出版社 2009 年版，第 36—37 页。

负责人。遵义会议作出的决定是完全正确的，是党内公认的开得十分成功的中央政治局会议，原因就在于参会人员体现了广泛性和代表性，既有政治局委员和候补委员，也有军团和红军总部首长，共产国际军事顾问也列席了会议，不再是一个由极少数人包办的会议。

综上说明，遵义会议成功召开具有舆论基础、思想基础、制度基础、组织基础，是在集体领导的智慧下进行提前充分酝酿的结果。遵义会议的召开和推进也严格坚持集体领导原则、遵循集体领导规律、形成集体领导决定，真正实行了党中央集体的正确领导，因而集体领导既是遵义会议坚持民主集中制的重要体现，也是遵义会议成功召开的重要保证。

（二）民主集中原则趋于正常

民主与集中的统一，既是遵义会议坚持民主集中制的主要体现，也是主要保证。会议开始，博古作为中央总负责人，代表中央首先作主要报告，也就是关于第五次反“围剿”的总结报告。据《中共中央关于反对敌人五次“围剿”的总结的决议》记载，博古把在中央苏区未能粉碎第五次“围剿”的原因归之于帝国主义国民党反动力量的强大，忽视了中央苏区在党中央直接领导之下，在动员广大工农群众参加革命战争方面取得较好成绩，不承认他和李德在军事领导战略战术上的错误。陈云在《遵义政治局扩大会议传达提纲》中提到：“博古同志没有完全彻底地承认自己的错误。”[①] 总体

① 中共中央党史资料征集委员会、中央档案馆编：《遵义会议文献》，人民出版社 2009 年版，第 44 页。

上讲，博古的报告遭到大家反对，被认为基本不正确。

博古作完报告后，周恩来就军事问题作了补充报告，他指出第五次反“围剿”失败的主要原因是军事领导的战略战术错误，并主动承担责任，作了诚恳的自我批评，同时也批评了博古、李德在军事指挥上的错误。在博古和周恩来的报告之后，毛泽东发表了长篇讲话。毛泽东发言时首先说明，解决军事问题最为紧迫，因而他只谈军事。他深刻批判了“左”倾教条主义的错误战略，列举了它的表现，就是进攻时的冒险主义、防御时的保守主义、转移时的逃跑主义。他对博古、李德在军事指挥上的错误进行了切中要害的分析和批评。同时，还阐述了中国革命战争的战略战术问题和此后在军事上应该采取的方针。毛泽东鲜明的态度使会上顿时出现了两种不同的观点，但大多数同志赞同他的发言。毛泽东发言结束后，王稼祥紧接着发言，表示拥护毛泽东的观点，并指出了博古、李德等在军事指挥上的一系列严重错误，批判了他们单纯防御的指导思想，为了扭转当时不利局面，提议请毛泽东出来指挥红军部队。张闻天随即也表了态，支持毛泽东和王稼祥的意见，指出在这种险恶的情况下，只有毛泽东出来领导红军，才可能打破敌人的围追堵截。周恩来紧接着表示赞成，态度诚恳，一面自己承担责任，一面请毛泽东重新指挥红军，还明确提出要撤换博古的领导职务，建议由毛泽东出来领导党和红军。陈云、朱德、刘少奇等其他领导同志也都表了态，揭发和批评第五次反“围剿”和长征以来中央在军事领导上的错误，批评博古在报告中为第五次反“围剿”失败进行辩护的错误。他们纷纷支持毛泽东的正确意见。会场上绝大多数同志完全同意张闻天及毛泽东、王稼祥的意见，意见达到了基本统一。当然，也有个别持不同意见的，凯丰[①]不同意毛泽东、张闻天、王稼祥的意见。不过，随后不久他在云南威信的干部会议时，就对自己的错误作了初步批评。还有个别同志不仅坚持错误意见，而且情绪对立，不愿将“印把子”交出来。会上，李德独自坐在会场的门旁，一言不发，情绪十分低落。但是，他坚决不同意对他的批评。

这说明，遵义会议的议程执行了民主集中制，全过程充分展现了民主集中制。在作报告上，由党中央总负责人作主报告，军委负责人作副报告，政治局里也有不同意他们所作的报告而作“反报告”的。在发言中，参会人员充分发表了丰富多样的意见，进行了自由讨论，甚至有激烈的意见交锋，毛泽东等同志坚持真理，据理力争，代表了党内和红军指战员、领导决策层和前方作战人员的普遍意愿，符合当时的客观实际，赢得了大多数人的支持和理解。在会议氛围上，参会人员发表自己的意见，有严肃的批评，但没有以势压人；有观点的交锋，但没有人身攻击。在作出决议上，能够根据大多数人的共同意见形成最大的共识，意见达成了基本统一才通过决议，就是最后的决议，有不同意的也允许保留意见。

（三）个别酝酿走向广泛深入

个别酝酿既是遵义会议坚持民主集中制的重要方式，也是重要补充。遵义会议成功召开，还与中央重要领导人会前进行的充分酝酿，其中也包括个别酝酿是分不开的。

一是主动找人沟通，积极争取说服。毛泽东利用与张闻天、

① 凯丰即何克全。

王稼祥一路共同行军的机会主动找他们交谈，了解到他们对博古、李德错误领导的看法和态度，遂亲自在中央领导集体中做了一些思想工作。据聂荣臻回忆说：先是王稼祥通了。我和王稼祥一路走，一路扯。他和我的意见是一致的，坚决主张请毛泽东同志出来领导。他说，他参加第二次、第三次反“围剿”，两次都取得了那样大的胜利，完全是毛泽东同志采取诱敌深入、隐蔽部队、突然袭击、先打弱敌、后打强敌、各个击破等一系列战略战术原则指挥的结果。他赞成毛泽东同志出来统帅部队。对博古、李德，王稼祥同志十分不满。用他自己当时的话来说，到时候要开会，把他们“轰”下来！[①] 张闻天回忆道：“长征出发后，我同毛泽东、王稼祥二同志住在一起。毛泽东同志开始对我们解释反五次‘围剿’中中央过去在军事领导上的错误，我很快地接受了他的意见，并且在政治局内开始了反对李德、博古的斗争，一直到遵义会议。”[②] 进驻遵义城后，周恩来安排毛泽东、张闻天、王稼祥住在位于遵义新城古寺巷的黔军旅长易少荃住宅休息。不久，毛泽东找张闻天、王稼祥商议，提出在遵义城迅速召开政治局扩大会议的建议，并提议由王稼祥去找周恩来向中央提出请求。他还建议由张闻天根据他们三人讨论和商议的意见代拟一个共同的发言提纲，张闻天接受了建议。这就是在会上张闻天作“反报告”时手里拿着的那份发言提纲。

二是注重调查研究，掌握红军状况。据当年参加会议的红五

---

① 参见中共中央党史资料征集委员会、中央档案馆编:《遵义会议文献》，人民出版社 2009 年版，第 104 页。

② 中共中央党史资料征集委员会、中央档案馆编:《遵义会议文献》，人民出版社 2009 年版，第 84—85 页。

军团政治委员李卓然回忆："我到遵义后，毛泽东同志就在他的卧室里接见了我。他正患感冒，头上裹着一条毛巾，尽管是在病中，但他仍然专注倾听我的汇报。当我谈到部队已经怨声载道时，他笑笑说：'怨声载道罗，对领导不满意啦？'我说：'是的。'他又说：'那你明天在会议上讲一讲，好不好？'毛泽东同志肯定了我反映的情况很重要，并要我在会议上发个言。"[①] 李德在《中国纪事》中作了这样的描述：毛泽东"不顾行军纪律"，"一会儿呆在这个军团，一会儿呆在那个军团，目的无非是劝诱军团和师的指挥员和政委接受他的思想"。这个描述虽然带有质疑和偏见，但是恰好从侧面说明毛泽东善于通过充分酝酿，深入调查研究，掌握红军真实状况，为随后参加遵义会议时的发言提供了事实根据。

三是为党思虑换帅，争取更多支持。1934 年 12 月 18 日，中央政治局召开黎平会议后，在中央和红军的上层领导之中关于战略方针和战略方向问题并没有在思想上达到完全统一，争论并没有结束。据周恩来回忆："从黎平往西北，经过黄平，然后渡乌江，达到遵义，沿途争论更烈。在争论过程中间，毛主席说服了中央许多同志，首先是得到王稼祥同志的支持，还有其他中央同志。"[②] 特别是博古、李德对于他们在黎平会议上的失败并没有完全接受。对此，张闻天十分着急，开始考虑变换军事领导问题。因为在他看来，如果让博古、李德继续掌握领导大权，错误的指挥就很难避免。对此，作为当时红四团团长的耿飚在纪念张闻天

---

① 周国珍：《红军长征中的李卓然》，《中共党史资料》2006 年第 4 期。

② 中共中央党史资料征集委员会、中央档案馆编：《遵义会议文献》，人民出版社 2009 年版，第 71 页。

诞辰90周年座谈会时说道：12月20日，军委纵队到达黄平，在一片橘林里，张闻天和王稼祥的担架放下来休息时，两人议论着当前的形势，都感到忧心忡忡。张闻天当时说，这仗这样打看起来不行，还是要毛泽东出来，毛泽东打仗有办法，比我们有办法。王稼祥当天晚上就将张闻天的想法打电话告诉了彭德怀，然后又去告诉了毛泽东。这消息在刘伯承等几位将领中一传，大家都赞成要开个会，让毛泽东出来指挥。这个时候，红军已经开始按照毛泽东的意见进行战略行动，并且已经出现了转机。如果这个时候让毛泽东出来主事，应该顺理成章。橘林中担架上张王的谈话，使原来在黎平会议决定的在适当时候召开政治局扩大会议又增添了一项重要的内容，那就是请毛泽东出来指挥，即要求进行组织人事上的变动。事实上，后来遵义会议的核心内容就这么定下来了。

四是开展密切合作，发挥关键作用。周恩来作为“三人团”重要成员，又是军委重要负责人，所处的重要角色，以及其一贯的民主作风，重视和善于团结同志、又不失坚持原则的风格，在领导层陷入激烈争论的情况下，其势必成为双方尽力争取的对象。周恩来自己在谈到这个问题时曾说：“在进入贵州前后，就争论起来了，开始酝酿召集政治局会议了。”[①] 也正因如此，进驻遵义城后，周恩来安排毛泽东、张闻天、王稼祥3位同志集中住在新城，一来可以静心休养，二来方便他们一起充分研究，找到解决一路走来争论的对策，促成了政治局扩大会议在遵义城的成功召开，

① 中共中央党史资料征集委员会、中央档案馆编:《遵义会议文献》，人民出版社2009年版，第71页。

既顺利解决了错误领导问题，确立了以毛泽东为代表的马克思主义正确路线的指导，也没有导致党的分裂，反而更加团结了。遵义会议结束后，红军继续行军到达云贵川“鸡鸣三省”一带，常委中再次进行了适当分工。周恩来回忆当时的情形说：“洛甫那个时候提出要变换领导，他说博古不行。我记得很清楚，毛主席把我找去说，洛甫现在要变换领导。我们当时说，当然是毛主席，听毛主席的话。毛主席说，不对，应该让洛甫做一个时期。毛主席硬是让洛甫做一做看。人总要帮嘛。说服了大家，当时就让洛甫做了”“毛主席总是采取这样的办法来教育人，使大家逐步地觉悟起来”。[①]这些都说明，经过毛泽东的努力说服，许多同志改变了观点，中央多数领导人同意了毛泽东的主张，毛泽东、王稼祥、张闻天、周恩来等在思想上形成了统一，这个主观认识方面的统一是非常重要的。后来二渡赤水，回师黔北，红军打了个大仗——遵义战役，取得长征以来最大的一次胜利，于是军委决定成立一个前敌司令部，委托毛泽东为前敌政治委员。1935 年 3 月中上旬，召开了苟坝会议，大家的作战热情很高，不把国民党军队的战斗力放在眼里，这个时候只有毛泽东最清醒，坚决反对去攻打西边的打鼓新场，结果大家不但坚持要去攻打，还把毛泽东才刚担任六天多的前敌政治委员表决掉了。在这种情况下，毛主席夜不能寐，他想到了周恩来是党内委托的在指挥军事上下最后决心的负责者，于是提着马灯深夜去找周恩来，再次力陈攻打打鼓新场的危险，说动了周恩来，推迟了发布进攻打鼓新场的命令。

---

① 中共中央党史资料征集委员会、中央档案馆编：《遵义会议文献》，人民出版社 2009 年版，第 72—73 页。

第二天一大早又开会研究。这时不但毛泽东继续陈述他的意见，而且周恩来、朱德也帮着说攻打打鼓新场的危险，于是取消了进攻打鼓新场的命令，毛泽东的职务随即也得到了恢复。鉴于此次教训，毛泽东趁此建议还是成立由少数几个人组成的精干小组，处理战争中的一切问题，这个建议得到张闻天的同意，于是经中央政治局常委会研究，决定成立由毛泽东、周恩来、王稼祥组成三人军事指挥小组（也称新"三人团"），从此毛泽东在红军中的领导地位完全确立，在随后的军事实践中事实上发挥了领导核心作用。至此，遵义会议后中央组织调整工作大体完成。

这说明，遵义会议的成功召开不但是由集体领导决定的，而且也是由个别酝酿推动和促成的，但也是在党的领导下实现正确集中的。正是充分的个别酝酿，中央领导中的多数人才了解了红军的真实情况，才对错误领导有所认识，才逐渐觉悟起来纠正错误，相互之间才有了更多了解和理解信任，才能站在党和红军前途的高度，讲原则和负责任地展开争论，分清是非，共同找到摆脱被动和危险的正确对策，并且又不造成分裂，这些行为本身既是保证遵义会议成功召开的重要方式，也是坚持民主集中制的生动表现和重要体现。

（四）会议决定更加民主权威

会议决定既是遵义会议坚持民主集中制的基本方式，也是充分体现。党的领导有多种体现方式，会议决定是常采用的基本方式，也是最重要的方式之一，充分体现了中央政治局领导的集中性和权威性，也是对集体领导和个别酝酿、党员权利民主性的充分体现，能够将集体的意志和个人的意见实现高度的集中统一和明确表达。遵义会议前的通道会议虽然基本恢复了集体领导，参会者也有对不同意见的激烈讨论，但是进入贵州东南部后，博古、李德又要求折向黔东和转向湘西，不准备继续向贵州腹地前进。黎平会议就不太一样了，最终形成了中央政治局会议决定，少数人就算一时没有认识和不接受，可以保留意见，但是得遵守民主集中制，少数服从多数，即便这个会议决定没有确定最终的目标，任何人要想改变也须用新召开会议形成决定，才可以转变成新的行动。中央政治局猴场会议不但再次通过了新的会议决定，而且还在决定中作出明确规定，对少数人随意利用或者试图随意利用自身特殊地位改变集体决定的行为进行了制约，增强了组织权威性和政治严肃性。经过通道会议、黎平会议、猴场会议的接续酝酿和逐步加强，通过会议决定方式为遵义会议召开和党中央领导、集体意志、民主议决和决策部署提供了重要保证，使遵义会议形成会议决定成为水到渠成的事情。因此，遵义会议结束时首先作出了“四条决定”[①]。另外，会议决定放弃黎平会议“在以遵义为中心的川黔边建立新的根据地”的决定，决定渡过长江到四川成都西南或西北，配合红四方面军打破“围剿”，争取赤化四川。在遵义会议结束 20 天后的扎西，政治局拟定了遵义会议决议大纲，以便传达遵义会议精神。遵义会议不但有最重要的组织决定，也有充分完整的详细决议，即中共中央关于反对敌人五次“围剿”的总结的决议。会议决议的内容经常委审查后，发到支部中讨论，

---

① 四条决定：1. 毛泽东增选为政治局常委；2. 指定洛甫起草决议，委托常委审查后，发到支部中去讨论；3. 常委中再进行适当分工；4. 取消“三人团”，仍由最高军事首长朱德、周恩来为军事指挥者，而周恩来为党内委托的对于指挥军事上下最后决心的负责者。

统一了全军思想认识，能够最大程度保证决议的贯彻执行。

（五）“四个服从”渐成基本原则

“四个服从”既是遵义会议坚持民主集中制的重要体现，也是重要保证。无论在酝酿准备阶段，还是会议召开和会议决议落实阶段，也无论是从中央政治局委员到军团首长，还是从党员干部到基层红军指战员，都纷纷表示拥护，坚决和自觉贯彻落实，充分彰显了党中央、上级组织、集体、多数的民主决策和正确集中与全党、下级组织、个人、少数共同服从、遵守、执行有机融合的民主集中制特征，在实践中逐渐成为全党全军自觉遵循的基本原则，为统一思想、统一意志、统一行动提供了重要保证。虽然博古对黎平会议决定并不怎么认可，但是也按照决定进行了落实；对猴场会议决定似乎还有意见，但依然在行动上遵守和落实了；在遵义会议上受到大多数同志批判，自己也没有充分认识，但是表示少数服从多数。当部队行军到达云贵川三省交界一带时，按照遵义会议决议，中央政治局讨论常委再分工，明确由张闻天代替博古在党内“负总的责任”，博古服从政治局多数人的正确决定，把几副装有重要文件、记录、印章的挑子交给了张闻天，改任总政治部代理主任。会后李德申请随红一军团行军，在基层实践中认识和体验毛泽东领导红军作战的战略策略。凯丰在扎西会议也宣布收回自己在遵义会议上的错误观点。至于其他人员，则不但积极传达遵义会议精神，还带头贯彻落实，广大指战员听取传达后无不欢欣鼓舞。陈云在《遵义政治局扩大会议传达提纲》中记述：“决议发出以后常委各同志——毛张陈——均到各军团干部会中传布决议。在一切会议中对于政治局扩大会决议是积极的拥护的。”[①]二渡赤水后，毛泽东晚上到习水回龙寺参加红三军团干部会议，及时传达了遵义会议精神，并且研究进攻娄山关和遵义城的战前部署会议，还在会上作了动员讲话。时任红军总参谋长的刘伯承后来在《回顾长征》中写道：“遵义会议的精神传达到部队中，全军振奋，好象拨开重雾，看见了阳光，一切疑虑不满的情绪一扫而光。”[②]邓小平曾说：“遵义会议以后，毛泽东同志对全党起了领导作用”“在重要的问题上，大都是毛泽东同志出主意，其他同志同意的。尽管名义上他没有当什么总书记或军委主席，他实际上对军队的指挥以及重大问题上的决策，都为别的领导人所承认。朱德同志、周恩来同志、张闻天同志、王稼祥同志，他们这些同志确实照顾大局，确实有党性原则，只要毛泽东同志的意见是对的。都一致支持，坚决执行。”[③]遵义会议事实上确立了毛泽东在党中央和红军中的领导地位，其他中央领导同志和军委及部队指战员都服从这种领导，对毛泽东拿定的主意、作出的决策和进行的指挥都能自觉做到支持和坚决执行，这是遵义会议坚持民主集中制的另一种重要体现和重要保证。1935 年 5 月 12 日，中央政治局会理会议进一步巩固了遵义会议的决议和成果，这为后来胜利地抵制坚持退却逃跑并成立第二“中央”的张国焘路线起了十分重要的作用。

---

① 中共中央文献研究室、中央档案馆编：《建党以来重要文献选编（1921—1949）》第十二册，中央文献出版社 2011 年版，第 121 页。

② 《回顾长征——纪念中国工农红军长征胜利会师五十周年》，人民出版社 1985 年版，第 6 页。

③ 遵义会议纪念馆编：《遵义会议资料汇编》，中央文献出版社 2009 年版，第 84—85 页。

三、遵义会议在贯彻执行党的民主集中制上作出的历史贡献

我们党是按民主集中制组织和发展起来的马克思主义政党。民主集中制是我们党的根本组织原则和组织制度，在正确处理党内关系、调动党员积极性、维护党的团结统一、巩固党的执政地位上提供了重要组织保证。遵义会议创造性地运用了民主集中制，是我们党在政治上逐渐走向成熟的关键节点，为民主集中制的完善和发展奠定了重要基础，作出了历史性贡献。

（一）遵义会议确立了集体领导、分工负责的领导制度

当时需要解决的迫切问题实际上有多个，其中部分组织问题也是遵义会议的重要任务之一。遵义会议的最大政治成果就是毛泽东领导地位的确立，成为党的集体领导和个人分工负责相结合的领导制度确立的一个重要历史节点。正如《关于若干历史问题的决议》所指出："遵义会议集中全力纠正了当时具有决定意义的军事上和组织上的错误，是完全正确的。这次会议开始了以毛泽东同志为首的中央的新的领导，是中国党内最有历史意义的转变"①。

一是对中央领导机构进行了调整和改组，建立了新的党中央领导班子。遵义会议前的很长一段时间，由于民主集中制在探索实践中发生严重曲折，党的政治、组织、军事等工作为博古、李

---

① 中共中央文献研究室、中央档案馆编：《建党以来重要文献选编（1921—1949）》第二十二册，中央文献出版社 2011 年版，第 87 页。

德包办，集体领导制度没有得到很好贯彻落实，指导思想和军事战略都发生严重偏差。通过遵义会议，取消了“左”倾错误领导者的军事指挥权，张闻天接替博古成为中共中央总负责人。会议仍确定周恩来为最高军事指挥者，实现了军事指挥权的领导更替。遵义会议决定：毛泽东增选为常委；常委中再进行适当分工；取消“三人团”，仍由最高军事首长朱德、周恩来为军事指挥者，而周恩来是党内委托的对于指挥军事上下最后决心的负责者。毛泽东当选为中央政治局常委，会后常委进行了分工，毛泽东为周恩来在军事指挥上的帮助者，但这个“军事指挥上的帮助者”不是职务。1935 年 3 月 12 日，在苟坝召开的中央政治局会议上，分工才具体明确下来。苟坝会议前的 3 月 5 日，红军第二次攻占遵义撤离前夕，为了加强军事指挥力度，中央决定成立前敌指挥部，委任朱德为前敌司令、毛泽东为前敌政治委员。经过苟坝会议后，为避免动辄召集人数众多的中央政治局会议而贻误战机，毛泽东提议还是要建立一个精干的领导小组，全权负责战争中的一切问题。这一建议被采纳后，毛泽东、周恩来、王稼祥组成三人军事指挥小组，也就是俗称的新“三人团”，形成了一个具有权威性的军事指挥机构，进一步确保了军事指挥上的正确性和战略性。扎西会议和苟坝会议通过民主集中的方式，完成了党中央负责人的变换和中央新的军事领导机构的建立，开创了集体领导、分工负责的制度。

二是开始形成中央领导集体和领导核心，是党在政治上逐步走向成熟的重要标志。从党成立到遵义会议前，虽然党的主要领导人多次更换，但是由于受到革命形势、历史条件和个性因素的局限性影响，始终没有形成一个坚强有力的领导核心，没有形成一个成熟、稳定的党中央，中国革命和党的事业遭受严重挫折。遵义会议从组织程序上改变了领导人的产生方式，撤换了教条主义领导者，摆脱了长期以来共产国际的束缚，民主推举了具有马克思主义理论素养、在长期革命实践中锻炼成长起来的、得到大多数党和红军领导人支持的毛泽东担任领导，毛泽东成了事实上的党的领导核心，党中央“号召全党同志像一个人一样团结在中央的周围，为党中央的总路线奋斗到底，胜利必然是我们的”。[①] 在以毛泽东为核心的党中央领导下，党内长期存在的宗派主义、山头主义得到了解决，保证了党中央权威和集中统一领导的民主集中制等制度的有序运行和党内意见的统一。历史和实践表明，一个国家、一个政党，领导核心至关重要。

三是遵义会议确立的领导制度在组织制度上也逐步得到确立，成为党的民主集中制发展的重要成果。1935 年 10 月 15 日，陈云在共产国际执行委员会书记处会议上汇报了红军长征和遵义会议情况，他在报告中明确指出遵义会议“建立了坚强的领导班子来取代过去的领导人。党对军队的领导加强了。我们撤换了‘靠铅笔指挥的战略家’，推选毛泽东同志担任领导”[②]，而且还指出西征取得胜利的第二个原因是“我们党真正成熟起来了，尤其是党的领导人成熟了”[③]。邓小平也曾指出：“在历史上，遵义会议以前，

---

① 中共中央党史资料征集委员会、中央档案馆编：《遵义会议文献》，人民出版社 2009 年版，第 26 页。

② 中共中央文献研究室、中央档案馆：《建党以来重要文献选编（1921—1949）》第十二册，中央文献出版社 2011 年版，第 354 页。

③ 中共中央文献研究室、中央档案馆：《建党以来重要文献选编（1921—1949）》第十二册，中央文献出版社 2011 年版，第 370 页。

我们的党没有形成过一个成熟的党中央。从陈独秀、瞿秋白、向忠发、李立三到王明，都没有形成过有能力的中央。我们党的领导集体，是从遵义会议开始逐步形成的，也就是毛刘周朱和任弼时同志，弼时同志去世后，又加了陈云同志。”[①] 遵义会议开启了建设正确、成熟、稳定领导集体的初步探索，在实践中逐步形成了以毛泽东为核心的中央领导集体，成为我们党在组织上开始走向成熟的重要标志。在领导长期革命实践中，毛泽东深刻认识到，只有依靠集体的经验和智慧，才能保证党和国家的正确领导。他对集体领导、分工负责的领导制度，不仅在理论上做了深入思考、在实践上作出深刻总结，而且也模范地执行了这一领导制度，民主集中制在革命、建设实践中得到不断完善和发展。

（二）遵义会议发扬党内民主解决了迫切的军事问题

遵义会议要解决的最紧迫问题是军事路线、军事指挥和军事决策问题，会议通过发扬党内民主使军事领导走上了正确的道路。

一是通过落实民主集中制要求发扬党内民主解决了军事路线问题，使红军由被动转为主动，成为长征走向胜利的关键一步。1931 年至遵义会议前，以博古为首的临时党中央在思想上迷信本本主义和苏联经验，独断党内事务；在军事上，求助于不了解中国革命实际的军事顾问李德，片面推行所谓的“堡垒战”和“阵地战”，脱离革命斗争实际。1934 年，第五次反“围剿”斗争和长征中“血战湘江”后，红军从出发时的 8.6 万余人锐减到 3 万余人，丢掉苏区和红军战略转移受到重创的客观事实，使红军对军事指

① 《邓小平文选》第三卷，人民出版社 1993 年版，第 309 页。

挥普遍产生怀疑和不满，客观上成为中央政治局会议将要研讨的主要内容。在通道会议上，由于党中央开始考虑并采纳毛泽东的意见，才实现转兵，进军贵州。随后的黎平会议、猴场会议从行动上肯定了毛泽东的正确领导，最后改变了进军方向，提出在以黔北为中心的川黔边建立新苏区的战略目标。红军攻占遵义后，暂时摆脱了敌人的围追堵截，获得了长征以来难得的喘息之机。同时也看到，客观环境非常险恶，国民党派出重兵对红军进行围追堵截，党和红军再次陷入极其危险的历史关头，而且当时党内思想并不统一，意见分歧较大。遵义会议决议未指出政治路线的错误，而是肯定总的政治路线是正确的，开展反对消极避战、逃跑主义、保守主义等右倾机会主义的单纯防御军事路线斗争，在扭转长征战局的同时，对鼓舞战士们的斗志，纠正当时由于一系列军事失利而在党和红军的普通干部中存在的消极、悲观情绪，发挥了积极的作用。

二是通过落实民主集中制要求发扬党内民主解决了军事指挥问题，使军事领导走上正确的道路。国内革命战争中军事指挥是党的总的政治路线的一个主要的部分，遵义会议取消了长征前组成的“三人团”，军事上改由周恩来、朱德指挥，后来又成立由毛泽东、周恩来、王稼祥组成的新“三人团”负责全军的军事行动，完全依靠自己的力量集中全力纠正了当时军事上和组织上的错误，结束了“左”倾路线在党中央的统治，使军事领导走上正确的道路。在那个时候的战争环境下，新的军事领导机构实际上是党中央最重要的领导机构。正如陈云所说，“扩大会议指出党内对于军事领导上错误的纠正，不是党内的分歧，相反的更加团结，使军事领导走上正确的道路，使党与军委的威信更加提高”[①]。遵义会议后，党和红军内形成了一股思想解放的潮流，不再局限于本本主义和个别固有经验，而是根据当时的军事、政治、地理等条件和全国革命形势的发展，采取灵活机动的运动战方式，利用国民党内部军阀之间的矛盾和指挥失误，穿插于敌人重兵间隙之间，避敌锋芒，使得国民党完全弄不清红军的战略意图。红军成功地在战场上变被动地位为主动进攻，经过四渡赤水巧妙地摆脱了几十万国民党军队的围追堵截，彻底摆脱长征初期的被动局面，取得了红军战略转移中的决定性胜利，从此军事领导走上了正确的道路，使遵义会议成为长征的转折点。

三是通过落实民主集中制要求发扬党内民主解决了军事决策问题，进一步完善了军事决策机制，为长征中重大战略方针的调整提供了制度保证。在革命战争的条件下，制定正确的战略方针，指导红军多打胜仗，摆脱敌军的围追堵截是重要的战略任务。1934 年 12 月 18 日的黎平会议上，毛泽东坚决主张放弃同红二、红六军团会合的计划，建议继续西进，在川黔边界建立新苏区。会议接受毛泽东的正确意见，最终形成关于战略方针问题的决议，改变了战略方向。1935 年元旦，猴场会议确定中央政治局决定重大问题的原则，重申红军应该在川黔边地区先以遵义地区为中心建立根据地的决定。随后，遵义会议决定改变黎平会议的决议，决定红军渡过长江在成都之西南或西北建立苏区根据地，作出新的战略方针和方向的调整，是一次有历史意义的党内决策。而遵义会议后成立的前敌司令部，并没有明确其军事指挥上的临时决

---

① 中共中央党史资料征集委员会、中央档案馆编:《遵义会议文献》，人民出版社 2009 年版，第 44 页。

策权，需要靠每天开20多人的中央会议决定军事行动，这种集体军事决策体制民主有余、集中不足，不利于高效、快捷处置紧急军情。鉴于这种体制的弊端和作战情况的瞬息万变，军事指挥需要集中，毛泽东提出成立新的三人小组全权负责指挥军事。特别是从通道会议到遵义会议，毛泽东在变化的战事中表现出与众不同的决断力和领导力。后来中央决定由毛泽东、周恩来、王稼祥组成军事指挥团，既保持一定的民主决策形式，又能够较为迅速地决定军队行动和作战事宜。新“三人团”针对军事上的一些重大战略问题提出意见，经过中央讨论通过后的意见或决议都得到很好的贯彻执行，很大程度上挽回了博古、李德在军事指挥上的错误。1943年，博古本人回忆：“长征过程中毛主席起来反对错误领导，从湖南争论到遵义会议。长征军事计划全错的，使军队有消灭危险，所以能保存下来进行二万五千里长征，因有遵义会议，毛主席挽救了党，挽救了军队。”[①] 证明了遵义会议对事实上形成以毛泽东为核心的军事决策机制作出的贡献。

（三）遵义会议奠定了完善发展民主集中制的重要基础

遵义会议不仅通过运用民主集中制原则解决当时最为迫切的组织问题、军事问题，作出了重要贡献，而且遵义会议对坚持、完善和发展民主集中制也奠定了重要基础。

一是通过运用民主集中制开展积极的党内思想斗争，掌握维护和促进团结统一的武器。开展积极的党内思想斗争是党内政治生活

① 中共中央党史资料征集委员会、中央档案馆编:《遵义会议文献》，人民出版社2009年版，第109页。

的一种方式，对解决党内矛盾、维护党的团结统一、形成健康有序的党内政治关系具有重要的作用。遵义会议前，党对坚持民主集中制的认识还不足，在处理党内矛盾时，往往按照共产国际和苏联党内斗争的方式方法，压制打击，搞宗派主义、惩办主义，党内政治生活遭到严重破坏，直到遵义会议才得到初步纠正。遵义会议上，针对党内在部分组织路线和军事路线上的分歧，特别是在迫在眉睫的军事路线上，从扩大红军运动的热潮、红军队伍的扩大、赤少队后备军群众武装组织的发展、红军运动物质需要的解决、广大群众参加革命的热情和积极性以及工作中存在的许多严重的弱点等客观方面，采用了切中要害的分析、批评和自我批评的方式解决党内分歧，正确处理党的矛盾和分歧，可以说，遵义会议是正确开展党内斗争的典范，是一个民主的会议、团结的会议。在遵义会议上，博古和李德还没有认识到自身所犯错误的严重性，博古仍然是中央政治局常委，其他犯错误的同志职务一般也没有变动。遵义会议虽然也有党内同志在思想、政治、组织上的分歧和斗争，但会议从大局出发，对事不对人，纠正军事指挥上的错误，但又没有将犯错误的同志一棒子打死，而是团结他们共同工作。张闻天后来回忆说：“在遵义会议上，我不但未受打击，而且我批评了李德、博古，我不但未受处罚，而且还被抬出来代替了博古的工作。”[①] 长征中，以遵义会议为分水岭，以毛泽东为核心的党中央对犯错误的同志，从团结的目的出发，注重从思想上解决问题，正确处理党内矛盾和斗争。以毛泽东为核心的党中央采取正确的党内斗争方法，保证了党

---

① 中共中央党史资料征集委员会、中央档案馆编：《遵义会议文献》，人民出版社 2009 年版，第 86 页。

和红军的团结统一，也为党内开展正确的思想斗争树立了典范。正如毛泽东指出："我们主张积极的思想斗争，因为它是达到党内和革命团体内的团结使之利于战斗的武器。每个共产党员和革命分子，应该拿起这个武器。"[①] 党内如果没有矛盾和解决矛盾的思想斗争，党的生命也就停止了。

二是通过建立党的政治生活制度，树立好传统作风，逐步改变了党内政治生活不正常的局面。遵义会议前，由于民主集中制尚不健全，党内政治生活在一段时期内表现出不正常、不规范的现象。从遵义会议本身来看，从酝酿、召开到决议的执行，都充分体现了民主集中制的原则和要求。参会人员除中央政治局委员、候补委员外，还包括一部分红军总部、各军团的首长，共产国际军事顾问李德和翻译伍修权列席会议，体现了代表性和广泛性；会议议程严格执行了民主集中制原则，博古作主报告、周恩来作副报告后，张闻天作"反报告"，率先表达了不同意博古报告的意见，所有与会人员进行了自由讨论、充分发表了意见，有严肃的批评、有思想的交锋，最终以少数服从多数的原则通过决议，体现了浓厚的民主氛围；会议决议的贯彻落实也体现了民主集中制精神，决议通过常委审查后，发到支部进行讨论，而且会议结束后全党对会议精神进行了及时传达，后来由中央书记处拟定颁发决议大纲进行更大范围的会议精神传达，彰显了规范的民主程序，是实行民主集中制的范例。遵义会议上，博古、周恩来作报告后，张闻天率先作了发言，暂时休会。会议再次开始后，毛泽东第一个发言，他对第五次反"围剿"军事指挥上的错误和博古的报告进行了客观分析和系统批判，还点

---

① 《毛泽东选集》第二卷，人民出版社 1991 年版，第 359 页。

名批评了李德只知道纸上谈兵。但也有反对毛泽东的看法的，比如凯丰。会上同时出现三个报告和针锋相对的两种观点，最终以少数服从多数的组织原则通过了决议。遵义会议后，党内政治生活比较正常，中央领导集体成员党性原则都很强，张闻天、周恩来、朱德等对毛泽东的意见都非常重视，对妨害毛泽东领导作用的言行都能及时进行批评和制止。邓小平指出：“从遵义会议到社会主义改造时期，党中央和毛泽东同志一直比较注意实行集体领导，实行民主集中制，党内民主生活比较正常。”①

三是通过“团结——批评——团结”方针，树立了正确对待同志、维护党的团结的榜样。遵义会议坚持“团结——批评——团结”，集中了大多数同志的正确意见，明确指出博古、李德等破坏民主集中制的错误。遵义会议后，一批受到“左”倾教条主义者打击、排挤的同志获得新生，曾经犯过“左”倾教条主义错误的同志也被正确地做了安排。毛泽东说：在土地革命战争时期后的一个时期内，“党的干部政策和组织政策方面，是犯了严重的原则性的错误的，这表现在宗派倾向、惩办主义和思想斗争中的过火政策。这是过去立三路线的残余未能肃清的结果，也是当时政治上的原则错误的结果。这些错误，也因遵义会议得到了纠正，使党转到了正确的干部政策和正确的组织原则方面来了”②。特别是毛泽东在长征途中善于团结同志。遵义会议对犯错误的人进行严肃的批评和斗争，并从组织上作调整，目的都是为了弄清思想，惩前毖后、治病救人，团结同志，树立了正确对待同志、维护党的团结的榜样。

---

① 《邓小平文选》第二卷，人民出版社 1994 年版，第 330 页。

② 《毛泽东选集》第二卷，人民出版社 1991 年版，第 531 页。

四是执行中央决议，服从组织决定，严格遵守党的组织纪律。遵义会议上，博古所作的“主报告”被否决，不能作为会议的主题材料和会议决议通过，会上大多数人同意毛泽东、张闻天、王稼祥的主要观点，于是遵义会议通过4条重要的决定，但未来得及形成一个系统的文件作为会议决议并通过。遵义会议决议是在1935年2月8日召开的扎西会议上审议通过的中央指定张闻天根据会议情况起草的《中共中央关于反对敌人五次“围剿”的总结的决议》。决议通过后，中央以多种方式迅速传达会议精神，推动会议精神全面贯彻落实。2月10日，张闻天在军委纵队干部会议上传达决定后，会议作出决议案，表示“一致拥护中央政治局的决议”。10月15日，陈云在莫斯科向共产国际汇报了红军长征和遵义会议情况。遵义会议充分发扬民主，进行了激烈的讨论，最终形成决议，形成正确的集中。2月5日，在一个叫“鸡鸣三省”的地方，中央政治局通过民主集中方式对常委再次进行了适当分工，博古同意服从政治局的决定和安排，交出了红军指挥权。

四、从遵义会议汲取贯彻执行党的民主集中制的宝贵经验

历史是最好的教科书。遵义会议是实行民主集中制的成功典范，在贯彻执行民主集中制上留下了许多宝贵经验。我们要从遵义会议汲取贯彻执行民主集中制的宝贵经验，不断发展和完善民主集中制。

（一）贯彻执行民主集中制首先要正确认识民主和集中

民主集中制既要实行民主，又要实行集中，这就必须正确处

理好民主和集中的关系。民主集中制在形成和确立后，无论是理论还是制度，都要接受实践的检验，在实践中深化对民主集中制的认识。1927 年大革命失败、1934 年中央苏区丧失，都与没有科学执行好民主集中制直接相关。在党纠正家长制的不良倾向后，要求发展党内民主的呼声日渐高涨，又滋生助长了极端民主的倾向。遵义会议严厉批判了个人专断作风，在充分讨论的基础上形成正确的决策，也启示我们必须在民主基础上建立有效决策机制，必须有集中，才能形成正确的方针政策和重大决策，才能形成全党的统一意志，才能增强党的创造力、凝聚力、战斗力。民主集中制，它是民主的，又是集中的，而且“民主和集中之间，并没有不可越过的深沟，对于中国，二者都是必需的”[1]，民主和集中可以“在一定形式上统一起来”[2]，是辩证统一的。

我们党历来注重处理民主和集中的关系，不断发展和完善民主集中制。习近平总书记强调：“民主集中制包括民主和集中两个方面，两者互为条件、相辅相成、缺一不可。民主是正确集中的前提和基础，离开民主讲集中，集中就成了个人专权专断。集中是民主的必然要求和归宿，离开集中搞民主，就会导致极端民主化和无政府状态。”我们要把民主和集中有机统一起来，真正把民主集中制的优势变成我们党的政治优势、组织优势、制度优势、工作优势。新时代新征程上，面对世界百年未有之大变局和中华民族伟大复兴战略全局，我们做决策、定政策，要充分发扬民主，广泛听取各方面意见并进行民主讨论；同时，党中央形成和确定

① 《毛泽东选集》第二卷，人民出版社 1991 年版，第 383 页。

② 同上。

的决定、政策，要完全服从、坚决执行，特别是维护党的核心和党中央的集中统一领导是民主集中制的题中应有之义，我们要坚决维护习近平总书记党中央的核心、全党的核心地位，坚决维护党中央权威和集中统一领导，自觉贯彻执行党的路线方针政策和各项决定，自觉在政治上、思想上、行动上同以习近平同志为核心的党中央保持高度一致。

（二）贯彻执行民主集中制要敢于坚持真理、修正错误

遵义会议是我们党认识真理、掌握真理，在实践中坚持真理的会议。敢于坚持真理、修正错误，于党组织来说，是党经历百年沧桑仍然充满活力的密码；于党员来说，是一名党员坚定党性的重要体现。遵义会议前，毛泽东针对放弃与红二、六军团会合的计划问题，与博古、李德等人展开了激烈的辩论，在顾全大局的情况下提出了自己的看法，得到党内、军内越来越多同志的支持，同时也开始对“左”倾路线进行思考。事实证明，毛泽东的主张是完全正确的，也是十分及时的。在遵义会议上，毛泽东对第五次反“围剿”军事指挥上的错误、博古作的为自己“左”倾教条主义错误极力辩护的“主报告”，进行了客观分析和严厉批判，体现了毛泽东坚持真理、修正错误的鲜明态度和党性修养。特别是在共产国际和“左”倾教条主义错误干扰下，毛泽东长期受到不公正的对待，在赣南会议和宁都会议后，还逐步被排挤出红军主要领导地位，但他却在“左”倾错误统治和严峻战争形势下，据理力争，在党和红军中树立了崇高威望。张闻天犯过错误，但知错必改，从“左”倾阵营中分化出来，成为反“左”的中坚，成为长征时期新的领导集体的重要成员，体现了他为人民利益、为集体利益而坚持真理、修正

错误的崇高品德。博古作为“左”倾错误的主要领导者，虽然不同意遵义会议上对自己的批评，但服从遵义会议的决定，将权力交给张闻天，后来在伟大的革命斗争实践中逐渐认识到自己的错误，最终从“左”的阵营中分化出来，成为党的主要领导者。遵义会议没有周恩来的支持是开不起来的，无论是从通道会议和黎平会议中周恩来与李德发生严重意见分歧、旗帜鲜明地支持毛泽东的主张来看，还是周恩来在遵义会议上实事求是地审视了第五次反“围剿”存在的问题来看，作为“三人团”成员之一，主动承担军事指挥责任，诚恳地进行自我批评，同时也批评了博古、李德的错误，都鲜明体现了周恩来坚持实事求是、敢于批评和自我评判的鲜明态度和党性修养。贯彻执行民主集中制，要鼓励党员干部解放思想，实事求是，勇于探索，敢讲真话，充分发挥党内民主；要以事实为依据，敢于说出事实的真相，及时发现和纠正思想认识上的偏差、决策中的失误、工作中的缺点，使思想认识和行动更加符合客观规律、时代要求和人民愿望。

（三）贯彻执行民主集中制要有助于严肃党内政治生活

贯彻执行民主集中制是党内政治生活的主要内容之一，必须以党内政治生活正常化、规范化作为贯彻执行情况的衡量标尺，充分发扬党内民主，加强和规范党内政治生活。民主集中制为处理党内组织和组织、组织和个人、党员之间、集体领导和个人分工负责等重要关系提供了基本遵循和规范，对于加强和规范党内政治生活，维护党的团结统一起着重要作用。遵义会议大部分时间都在进行讨论，到会的许多同志都发表了自己的看法和意见，反映出当时浓厚的民主氛围。博古是在遵义会议上被批判的主要对象，他不仅主持会议，还认真听取不同的意见。伍修权回忆道："博古同志虽然是会上主要批判对象之一，但是，他的态度也是比较端正的。他主持会议，却不利用职权压制不同意见，表现了一定的民主作风和磊落态度。"[①]这启示我们，充分发扬党内民主，是贯彻执行民主集中制的基本条件。

党内民主是党的生命，充分发扬党内民主，能够增强党的创造力、凝聚力、战斗力。毛泽东指出："党内的民主是必要的。要党有力量，依靠实行党的民主集中制去发动全党的积极性。"[②]如果党内缺乏民主生活，发挥积极性的目的就不能达到。历史表明，但凡正确贯彻执行民主集中制的时候，党内政治生活就规范严肃，党组织的凝聚力战斗力就强，党和国家事业就会胜利推向前进；反之，凡是违背民主集中制的时候，党内政治生活就不正常，党内团结统一受到影响，党组织战斗力凝聚力就会削弱，党和国家事业就会受到严重影响。李德在军事指挥上的专制作风使党和红军蒙受巨大损失，这是背离实事求是思想路线的恶果，也是违反党的民主集中制的结果。遵义会议在特定的历史条件下，通过发扬党内民主解决军事策略和领导问题，可以说是民主集中制的胜利。正如陈云所说，"扩大会议指出党内对于军事领导上错误的纠正，不是党内的分歧，相反的更加团结，使军事领导走上正确的道路，使党与军委的威信更加提高"[③]。

---

① 中共中央党史资料征集委员会、中央档案馆编：《遵义会议文献》，人民出版社 2009 年版，第 127 页。

② 《毛泽东选集》第一卷，人民出版社 1991 年版，第 278 页。

③ 中共中央党史资料征集委员会、中央档案馆编：《遵义会议文献》，人民出版社 2009 年版，第 44 页。

历史经验启示我们，民主集中制是党内政治生活正常开展的重要制度保障，民主集中制执行得怎么样，关键要看党内生活是否正常化、规范化，是否有利于维护党的团结统一。在党的七大上，毛泽东提出“我们要把我们党的一切力量在民主集中制的组织和纪律的原则之下，坚强地团结起来”[①]。这是对增强党的团结统一的经验总结，也揭示了实行民主集中制，才能真正达到团结统一的深刻道理。胡锦涛指出，遵义会议“开始从根本上改变党内生活不正常的状况，为按照民主集中制原则确立正确的领导制度和维护党的团结统一提供了宝贵的经验”[②]。遵义会议从大局出发、从党的事业出发，对事不对人，既纠正了军事指挥上的错误，又不是将犯错误的同志一棒子打死，而是团结他们共同工作。新时代我们管党治党要从党内政治生活管起严起，严肃党内政治生活，民主集中制是保证。正如习近平总书记指出：“严肃党内生活，最根本的是认真执行党的民主集中制，着力解决发扬民主不够、正确集中不够、开展批评不够、严肃纪律不够等问题。”

（四）贯彻执行民主集中制要实现科学决策、正确决策

贯彻执行民主集中制，必须要以实现决策的科学性正确性为最终目的。民主的方法是形成科学决策的重要基础，要形成正确的决策，既要充分发扬民主，又要在民主基础上实行正确的集中。只有充分发扬民主，才能够调动全党和广大党员干部的积极

---

① 《毛泽东选集》第三卷，人民出版社 1991 年版，第 1097 页。

② 胡锦涛:《在纪念遵义会议 60 周年座谈会上的讲话》,《人民日报》1995 年 1 月 18 日。

性、创造性，敢于和善于提出问题、发表意见、批评缺点，为科学的、正确的决策提供客观依据，否则会导致主观主义。遵义会议充分尊重党员的民主权利，严格执行民主集中制的程序和规则，经过参会人员充分发言、讨论，最终通过集体讨论作出决定，保证了决策的科学与正确。当然，这也与深入开展调查研究分不开。比如，遵义会议前夕，五军团政委李卓然赶到遵义参加会议，毛泽东向他了解部队干部战士实际思想情况，他告诉毛泽东五军团广大指战员对博古、李德的军事指挥非常不满。毛泽东对李卓然说，这个情况明天你在会上要讲一讲。充分说明实行民主集中制，首先需要深入开展调查研究。实践证明，要讨论决定重大问题，保证决策的科学性和正确性，必须坚持民主集中制的原则和程序，全面深入地开展调查研究，健全完善各项制度机制。

历史经验启示我们，贯彻执行民主集中制，做到科学决策、民主决策、依法决策，要集思广益，鼓励人民参与，积极主动发表自己内心想法，收集每个人的想法，分析总结人民的思想，通过少数服从多数的原则形成最后的决策，作出决策后不能随意丢弃，而是要贯彻到底，坚持到成效显示出来，避免议而不决、决而不行。要坚持一切从实际出发，深入开展调查研究，摸清实际情况，找到症结所在，做到心中有数，防止拍脑袋决策、拍胸脯蛮干，特别是各级领导干部要围绕经济社会发展中的重大问题带头调研、经常调研，在实践中深化规律性认识。

（五）贯彻执行民主集中制要健全制度保障机制和条件

加强制度建设是保持党的民主集中制这一我们党最大制度优势的关键所在。“制度好可以使坏人无法任意横行，制度不好可以使好人无法充分做好事，甚至会走向反面。”[1] 遵义会议创造性地运用了民主集中制，严格会议程序，作出会议决定，在党的领导制度的确立、民主集中制制度的建设上发挥了重要的作用。历史经验表明，只有从制度机制层面对民主集中制加以思考、运行，才能够保障民主集中制的健康发展。必须要从重视制度建设入手，用制度加以规范化。也就是说，贯彻执行民主集中制必须建立健全制度保障机制和条件，使民主集中制更加制度化、规范化。

习近平总书记强调：“要健全和认真落实民主集中制的各项具体制度，促使全党同志按照民主集中制办事，促使各级领导干部特别是主要领导干部带头执行民主集中制”。贯彻执行民主集中制，必须走制度建设的道路来完善民主集中制的各项制度，形成完整的、成熟的、定型的制度体系，切实做到用制度管人、用制度管权、用制度管事。要完善落实“两个维护”的制度，健全党中央对重大工作的领导体制，完善党中央重大决定落实机制。要健全民主的科学的决策制度和执行程序；重大问题、重大事项，必须经集体讨论决定的制度。要实现好集体领导和个人分工相结合的集体领导制度。要发展好党内民主选举、民主决策、民主管理、民主监督的制度。

---

① 《邓小平文选》第二卷，人民出版社 1994 年版，第 333 页。

第四章

遵义会议与党的自我革命研究

遵义会议是在紧迫的形势下召开的，当时党面临的错综复杂的内外部环境和困难使党的自我革命迫在眉睫。我们党在危急关头通过遵义会议进行自我救赎、自我重塑和自我完善，从而绝地重生，实现伟大的历史转折。遵义会议的鲜明特点是坚持真理、修正错误，确立党中央的正确领导，创造性地制定和实施符合中国革命特点的战略策略，为马克思主义政党进行自我革命树立了榜样，鲜明昭示永葆自我革命精神至关重要。

一、召开遵义会议解决党和革命事业前途命运问题形势紧迫

遵义会议的酝酿、召开乃至形成决议并下发传达贯彻，是一个完整的历史过程。遵义会议前，面对“左”倾错误，面对严峻的革命形势，我们党如果不自己起来纠正当前工作中的错误，就无法摆脱第五次反“围剿”和长征初期所陷入的困难局面。我们党召开遵义会议，解决党内问题和革命事业前途命运问题，不仅是形势使然，而且是历史必然。

（一）揭发党在军事领导上的错误、破解困难局面迫在眉睫

我们党自创建之日起就把实现共产主义作为自己的最高理想和最终奋斗目标，写在了自己的旗帜上。《中国共产党第一个纲领》

鲜明提出“党的根本政治目的是实行社会革命”[1]，消灭社会的阶级区分、消灭资本家私有制。但要实行社会革命，关键在于中国共产党自身的发展壮大。没有党的自身建设和领航，伟大社会革命就难以推进。

遵义会议在党和人民的事业面临危难的时刻召开，要解决的首要问题是党内部存在的问题，即严重脱离革命实际的教条主义错误路线。遵义会议前，第三次“左”倾教条主义错误，未能得到及时纠正，甚至愈演愈烈，特别在共产国际支持下上台的领导人把马克思主义教条化、把共产国际指示和苏联经验神圣化，对党和红军进行错误指挥，对党和红军造成极其严重的危害。揭发党内存在的问题和军事领导的错误，必须进行积极的党内斗争，对错误倾向彻底地予以纠正。

遵义会议还要解决的问题是革命事业的前途命运问题。经历挫折和失败，党和红军到达遵义后，广大红军指战员愈发认识到毛泽东的正确领导，呼唤改变错误的军事路线。认真总结历史经验，汲取以往的教训，纠正军事领导上的错误，把党领导的革命事业推向前进，是党着眼推进伟大社会革命，通过遵义会议进行自我革命、实现自我重塑的根本目的。比如，在行军方向问题上，鉴于四川在政治上、军事上、经济上都比黔北好，遵义会议在关系中央红军行动方向的问题上，作出北渡长江的新决定。陈云在遵义会议传达提纲中说：“扩大会一致决定改变黎平会议以黔北为中心来创造苏区根据地的决议，一致决定红军渡过长江

① 中共中央文献研究院、中央档案馆编：《建党以来重要文献选编（1921—1949）》第一册，中央文献出版社2011年版，第1页。

在成都之西南或西北建立苏区根据地。”[①] 这是我们党鉴于革命形势，在对红军向何处去问题上所作的、关系红军前途命运的又一次重大决定。遵义会议后，在以毛泽东为代表的正确路线领导下，根据实际情况的变化，红军灵活地变换作战方向，迂回曲折地穿插于敌人重兵之间，摆脱敌军的围追堵截，实现军事上的转危为安。

（二）遵义会议发扬勇于自我革命的精神解决最紧迫的问题

勇于自我革命是马克思主义政党的本质特性。马克思、恩格斯虽没有明确提出“自我革命”这一概念，但他们的思想理论中蕴含着丰富的自我革命思想。列宁说：“公开承认错误，揭露犯错误的原因，分析产生错误的环境，仔细讨论改正错误的方法——这才是一个郑重的党的标志，这才是党履行自己的义务，这才是教育和训练阶级，进而又教育和训练群众。”[②] 无产阶级政党为了履行自己的责任义务、完成自己的目标使命，总是需要及时进行自我检视、自我调适，总是能够及时自我纠正、修正错误，把自身锻造成为引领事业发展的坚强力量。我们党自创建伊始就把自我革命的精神融入自身建设中，并从理论上不断深化对自我革命的规律性认识，在实践中始终彰显我们党敢于直面问题、勇于自我纠错的能力和决心。

遵义会议之前，很多重大决策往往由共产国际指示，或由共

---

① 中共中央党史资料征集委员会、中央档案馆编：《遵义会议文献》，人民出版社 2009 年版，第 37 页。

② 《列宁选集》第四卷，人民出版社 2012 年版，第 167 页。

产国际代表协同中共中央贯彻执行，发生错误也往往由共产国际发出指示并派出代表来进行纠正。与以往完全不同，遵义会议通过发挥民主集中制优势，加强政治工作，采取了正确开展党内思想斗争、进行耐心说服和教育、开展批评和自我批评、检讨和纠正党的领导机关所犯的错误等方式，纠正第五次反“围剿”中军事战略上的“左”倾错误，确立党的正确领导、实现党的团结统一，打开了中国革命的新局面。遵义会议决议指出：“政治局扩大会指出过去党在军事领导上的错误，对于我们党的整个路线说来不过是部分的错误。这种错误也不足以使我们悲观失望。党勇敢的揭发了这种错误，从错误中教育了自己，学习了如何更好地来领导革命战争到彻底的胜利。党揭发了这种错误之后，不是削弱而是加强了。”[①] 遵义会议的鲜明特点是坚持真理、修正错误，确立党中央的正确领导，创造性地制定和实施符合中国革命特点的战略策略，为马克思主义政党进行自我革命树立了榜样。

二、遵义会议党进行自我革命的具体做法

从会议主题和内容的整体性看，在遵义会议及其前后召开的通道会议、黎平会议、猴场会议、扎西会议、苟坝会议和会理会议等系列会议中，我们党采取了一系列自我革命的具体实践和行动措施，使中国革命这艘航船在惊涛骇浪中稳住了阵脚，扭转了航向，朝着胜利的方向扬帆启航。

---

① 中共中央党史资料征集委员会、中央档案馆编:《遵义会议文献》，人民出版社 2009 年版，第 26 页。

（一）坚持真理，对错误路线进行坚决纠正

在实践中检验和发展真理是我们制定和检验政策战略的基本逻辑。我们党的历史，就是一部认识真理、信仰真理、服从真理、实践真理、发展真理的历史。我们党历经百年沧桑更加充满活力，其奥秘就在于为党和人民的利益始终坚持真理、修正错误，为真理而斗争，以自我革命的精神不断完善自己、发展自己。

对比毛泽东领导的前三次反"围剿"节节胜利的历史，第五次反"围剿"和湘江战役的重大失利，使得广大红军官兵对党内个人独断专行的不满情绪达到了顶点，让毛泽东重新领导红军的呼声日益高涨。通过说服的方式，毛泽东的正确思想先取得了王稼祥、张闻天的支持，王稼祥表示："必须纠正军事指挥上的错误，采取果断措施，把博古和李德'轰'下台。"[①] 黎平会议后的第二天，即 1934 年 12 月 20 日，张闻天和王稼祥在一片橘园里休息时，心有灵犀地交换了意见，张闻天说：仗这样打看起来不行，李德那样顽固，还是要毛泽东出来，他打仗有办法，比我们强。这就是党史上著名的"张王橘谈"。聂荣臻说："黎平会议虽然开始转变了我军战略方向，不再往敌人布置好的口袋里钻了，但领导问题不解决，我军就难以彻底地由被动变为主动。这不只是我个人思考的问题，也是当时广大红军指战员思考的问题。这些问题已经提到中国革命的议事日程了！"[②] 猴场会议对博古和李德的错误主

① 遵义会议纪念馆编：《遵义会议资料汇编》，中央文献出版社 2009 年版，第 127 页。

② 遵义会议纪念馆编：《遵义会议资料汇编》，中央文献出版社 2009 年版，第 105—106 页。

张进行了批评，并限制了两人的军事指挥权，限制了他们在党内的决策专断。

遵义会议之前，党内纠正右倾和“左”倾错误时经常采用“残酷斗争、无情打击”的斗争方式，甚至以对敌人的方式来进行路线斗争。这种纠错方式代价是极为惨痛的，因为它极大地“破坏了党内民主集中制的基本原则，取消了党内批评和自我批评的民主精神，使党内纪律成为机械的纪律，发展了党内盲目服从随声附和的倾向，因而使党内新鲜活泼的、创造的马克思主义之发展，受到打击和阻挠”①。在遵义会议上，改组了党和军队的领导，解除了博古的总负责人职务和李德的军事顾问职务，选举了毛泽东为政治局常委，解决了当时具有决定意义的军事和组织路线问题。会议聚焦中国革命战争的战略问题，批判了军事问题上的错误，确立了正确的革命路线。遵义会议之所以成为党进行自我革命的典范，一个重要的方面就在于在坚持真理、修正错误的同时团结了绝大多数曾经犯过错误的同志，这种“既分清是非、又团结同志”的方法避免了党的分裂和内耗。

恩格斯说：“伟大的阶级，正如伟大的民族一样，无论从哪方面学习都不如从自己所犯错误的后果中学习来得快。”② 遵义会议的成功，是中国共产党人坚持真理、服从真理的生动体现。毛泽东、周恩来、朱德等对错误军事指挥的严肃批评，张闻天、王稼祥等旗帜鲜明站到拥护毛泽东的立场，都是共产党人服从真理、坚持真理的光辉典范。在他们看来，党在重大问题的决策和看法上，

---

① 《毛泽东选集》第三卷，人民出版社 1991 年版，第 986 页。

② 《马克思恩格斯选集》第一卷，人民出版社 2012 年版，第 79 页。

坚持真理高于一切，真理决定共产党人的全部取舍。

（二）开展批评和自我批评，正确处理党内矛盾分歧

批评和自我批评是我们党的优良传统，是党内思想斗争的锐利武器，也是增强党组织战斗力凝聚力、维护党的团结统一的有效武器。1929年，毛泽东在《关于纠正党内的错误思想》中对批评作了深刻阐释，指出“党内批评是坚强党的组织、增加党的战斗力的武器”①。革命时期，八七会议、六届三中全会、遵义会议、延安整风运动等都运用批评和自我批评的手段纠正党内的错误倾向。

遵义会议摒弃了之前王明等人“残酷斗争”“无情打击”的错误做法，采取批评和自我批评的方式，纠正了博古、李德的“左”倾教条主义的军事路线错误，既广泛凝聚了共识，又维护了党的团结。参加会议的同志都是想通过党自我纠错解决党和红军面临的生死存亡的重大问题，在会上畅所欲言，不回避尖锐问题，体现出对革命信念的坚定和对党的忠诚。与会同志的发言都是直面问题、直言不讳，毛泽东、张闻天、王稼祥等人十分尖锐地批评分析了博古、李德在军事战略战术和军事指挥上的严重错误。周恩来在副报告中主动承担责任，进行了自我批评，着重检讨了主观方面所犯的错误。虽然博古把第五次反“围剿”失败和长征中重大损失的责任主要推给客观条件，对自身的主观错误认识不足，但是他作为会议的主持人，没有压制其他同志对他的批评。与会同志并没有用多数人的意见压制少数人的意见，没有阻止博

① 《毛泽东文集》第一卷，人民出版社1993年版，第82页。

古、凯丰的发言，而是认真耐心地听取了他们的意见。

在遵义会议上，毛泽东坚持了马克思主义唯物主义观点，对于博古和李德在军事指挥上的错误进行了切中要害的批评，并阐述了中国革命战争的战略战术问题和此后在军事上应该采取的方针。自我批评不仅是党的优良作风，也是自我革命的有效手段和必由之路。作为中国革命的领导者，中国共产党必须具有敢于自我革命的鲜明特征，这既是中国共产党作为马克思主义政党的政治品格，也是党领导人民进行伟大社会革命的内在要求。对此，毛泽东曾深刻地指出："有无认真的自我批评，也是我们和其他政党互相区别的显著的标志之一。"[①] 在遵义会议上，周恩来对于军事领导和战略战术上的错误，主动承担了责任，并诚恳地进行了自我批评，同时也批评了博古和李德。同博古和李德把错误归咎于客观因素不同的是，周恩来则强调了主观因素的重要性，表现出了一名共产党人的光明磊落。他认为，只有让善于运用运动战的毛泽东出来指挥，红军才有希望，革命才能成功。周恩来表现出来的勇于批评和自我批评的勇气和态度给遵义会议奠定了实事求是、坚持真理、修正错误的主基调。

遵义会议后，取代博古担任党的最高领导人的张闻天同样表现出了共产党人勇于自我批评的品质。后来，张闻天分析自己不敢反对博古的"左"倾思想的原因是自己的"思想基本上没有转变的关系"，因为博古的"拿手好戏，就是把你的反对'左'，曲解为右而加以打击。我平时就怕他这一点，怕他找到我的'右'打击我。所以我的反'左'，常常是胆怯的，在反右倾中附带说及

① 《毛泽东选集》第三卷，人民出版社 1991 年版，第 1096 页。

的，或者反一下‘左’，赶快转过来说要反右。”[①]对于军事路线方面的错误，博古后来也有了深刻认识，并进行了深刻的自我批评：“这个时期，我是中央的总负责人，我是这条路线所有一切错误发号施令的司令官，而且这条路线在这个时期所有的各方面的错误，我是赞成的。各种恶果我是最主要负责人，这里没有‘之一’，而是最主要的负责人。”[②]可见，作为我党的优良作风和政治优势，自我批评能够有效地解决党内的矛盾和分歧。

（三）发挥民主集中制优势，保证党的团结统一

坚持民主集中制，是我们党维护团结统一、作出科学正确决策、凝聚推进事业发展力量的制胜法宝。我们党自成立起就始终坚持民主集中制这一最重要的组织原则，按照民主集中制原则建党强党。民主和集中相辅相成、互为条件，离开民主讲集中，集中就会成为个人专断专权；离开集中搞民主，就会导致极端民主化和无政府状态。

遵义会议之前，“左”倾教条主义在党内一度占据统治地位，对持不同意见的同志采取“残酷斗争、无情打击”的方式，严重危害党内民主、团结和统一，严重影响党的战斗力和生命力。王明在党的六届四中全会上被米夫扶植上台后，就开始了家长式的统治，而且以王明为代表的教条主义者披着“马列主义理论”的外衣，仗着全会所造成的政治声势和组织声势，使第三次“左”

① 遵义会议纪念馆编：《遵义会议资料汇编》，中央文献出版社2009年版，第87页。

② 遵义会议纪念馆编：《遵义会议资料汇编》，中央文献出版社2009年版，第125页。

倾教条主义路线在党内统治长达4年之久。这条错误路线在思想上、政治上、军事上、组织上表现得最为充分和完整，在全党影响最深，其危害也最大。党的六届五中全会使“左”倾错误发展到了顶点，导致了第五次反“围剿”战争的失败，而失败的主要原因一方面在于博古和李德决策和指挥的失误；另一方面在于李德独断专行，听不进去正确意见，严重破坏了民主集中制原则，而博古面对失败仍抱着对李德和对共产国际的迷信。因此，党对军队的领导变成了李德个人对军队的领导，政治局的集体领导原则被“三人团”中的一两个人说了算所代替。此时，排除“左”倾领导人的军事指挥权和恢复党的民主集中制原则关系党和红军的前途命运。

遵义会议决议指出，“军委的一切工作为华夫同志个人所包办，把军委的集体领导完全取消”①。在遵义会议前的猴场会议，否定了“左”倾领导人博古和李德的错误主张，否定了党内决策专断，坚持了集体领导的民主集中制原则，限制了李德独揽军事大权。后来，陆定一回忆说：李德是“由博古一手把他提拔起来，成了个太上总司令。他在领导上是包办一切的。指挥作战时，连一架机关枪应当放在什么地方都要由他在电话中按照军事地图（那时的军事地图，是北洋军阀测量的，是不正确的，只能作为参考，不能用来指挥战斗）指定。他的工作作风和对人的态度是蛮横无理的，他是没有自我批评精神的，简直不象个党员。”②

---

① 遵义会议纪念馆编：《遵义会议资料汇编》，中央文献出版社2009年版，第25页。

② 遵义会议纪念馆编：《遵义会议资料汇编》，中央文献出版社2009年版，第168—169页。

周恩来说："那时在中央局工作的主要成员，经过不断斗争，在遵义会议前夜，就排除了李德，不让李德指挥作战。这样就开好了遵义会议。"[①] 遵义会议坚持民主集中制来自我纠错、解决我们党面临的突出问题，民主和集中实现了高度融合。遵义会议围绕军事方针和组织领导问题，充分发扬了民主，在充分讨论甚至争论的基础上统一了思想，切实做到了民主基础上的集中和集中指导下的民主，凝聚了思想共识，顺利解决了问题，维护了党的团结，使党和军队更有战斗力。

（四）善抓主要矛盾，优先解决军事和组织问题

遵义会议是我们党通过自我纠错、独立自主解决战略问题的重要会议，既坚持了马克思主义的真理，又敢于根据实际情况的变化而改变军事部署，修正党在军事路线上的错误，调整党的组织领导，事实上确立了毛泽东在党中央和红军中的领导地位。遵义会议主要通过批评与自我批评纠正博古、李德在军事指挥上的"防御中的保守主义""进攻中的冒险主义""退却中的逃跑主义"的军事路线的错误，而没有全面地系统地批判"左"倾教条主义的政治路线错误。这体现出中国共产党高超的政治智慧，通过首先纠正最为紧迫的军事指挥和组织领导问题的方式，照顾了党内同志的认识水平差异，使"一些曾经犯过'左'倾错误的领导同志也在反思中开始觉悟，站出来反对'左'倾领导者的错误，支持毛泽东等的正确主张，进而为党进行自我革命创造了必要的前

① 遵义会议纪念馆编：《遵义会议资料汇编》，中央文献出版社2009年版，第58页。

提条件。”[①] 既解决了最迫切最主要的问题，又维护了党的团结，保存了革命力量，在生死攸关的历史关键时刻，挽救了党，挽救了红军，挽救了中国革命。

立足党的团结的大局，重点解决了军事和组织路线问题而暂时不谈政治路线问题。遵义会议的重心是中国革命战争的战略问题，毛泽东只是批判了军事问题上的错误，对政治方面的错误没有批评，是因为当时大家对这个问题的认识还不一致，若提出势必会引起较大的争论，影响大局，影响当时最迫切的军事问题的解决。毛泽东的发言得到了与会绝大多数同志的热烈拥护。遵义会议后，从大局出发，毛泽东主张党内由张闻天负总责。这对于稳定大局，加强全党全军的团结统一，尽量减少内耗，共同对敌，是十分必要的。

实践证明，毛泽东从大局出发，在当时情况下，不谈政治路线是非，只解决军事路线问题的做法的确是英明之举。据黄克诚自述，“我对这次会议只谈军事路线而不谈政治路线问题不能理解，尤其是对没有明确毛泽东在党中央的领导地位而深感不安。直到后来红一、红四方面军会师后又分离，同张国焘分裂主义作斗争的过程中，我才认识到，遵义会议上，毛泽东把问题处理得非常得体，表现了他的雄才大略和政治远见。”[②] 张国焘搞分裂另立中央时，党中央全体同志高度团结，一致同张国焘分裂主义作斗争，使其完全处于孤立境地，其分裂党和红军的企图和阴谋未能得逞。

---

① 田克勤:《自我革命：遵义会议精神研究的一个新视角》，《红色文化学刊》2018 年第 9 期。

② 遵义会议纪念馆编:《遵义会议资料汇编》，中央文献出版社 2009 年版，第 172 页。

遵义会议不仅是中国共产党自我革命的伟大实践，自我纠正了党在过去所犯的主要错误，而且实现了自我革命和社会革命的有机统一，不仅拨正了中国革命的航向，而且由于毛泽东等人坚持走中国革命道路，独立自主解决中国革命面临的问题，正确处理各阶级之间的关系，肯定人民群众在创造历史中的作用，发动群众，发挥人民群众的主动性和创造性，团结一切可团结的力量，争取多数，使得中国共产党转危为安，革命的力量得到不断发展壮大。历史充分证明，从遵义会议开始的党的自我革命为中国革命在后来的连续胜利奠定了重要基础。没有党的自我革命，伟大社会革命就难以推进；党的自我革命彻底不彻底，决定着社会革命能否取得成功。

三、从遵义会议汲取党进行自我革命的宝贵经验

以遵义会议为核心的一系列会议和以往完全不同，以毛泽东为代表的红军领导人，在党面临生死存亡的危急关头，围绕红军行军路线和中国革命战争的形势，通过正确开展批评和自我批评，一次次自我反思、自我纠偏、自我挽救，对新时代党进行自我革命留下了许多宝贵经验。

（一）发扬斗争精神，时刻保持干事创业精神状态

遵义会议是党和红军在长征途中面临国民党军重兵围堵的情况下召开的。这种特殊的历史环境，决定了解决军事指挥问题，使党和红军摆脱被动、转危为安是当务之急，同时也没有放弃从思想上、政治上清算教条主义错误，解决党内存在问题。遵义会

议否定了“左”倾错误军事指导，充分肯定了毛泽东总结创造的战略战术原则，这就实际上确立了毛泽东军事思想、军事战略和作战方针在红军中的指导地位。从某种意义上说，这比职务上的安排更为重要。正是在这个前提下，党和红军的领导权才从教条主义者手中转移到以毛泽东为核心的新的中央领导集体手中。在取消博古、李德对党和红军的领导指挥后，尽管当时多数人都拥护毛泽东出来领导，毛泽东却说服了大家，坚持由张闻天代替博古在党内负责。因为这样既有利于团结一些思想认识还没有完全转变的同志，也有利于与共产国际的沟通联系。虽然毛泽东没有最高领导职务的名义，但并不影响他在党和红军重大决策中发挥主导作用，不妨碍党内其他同志对他的领导地位的认同。“遵义会议改变了领导，实际上开始了以毛泽东同志为领导中心的中央的建立。”①

遵义会议取得这样伟大的历史成果，是依靠党内积极健康的斗争得来的。马克思主义政党内部一切消极问题的解决，党的事业历史性的进步，需要积极健康的党内斗争，才能纠正错误，解决问题，保持干事创业精神状态。对问题视而不见、麻木不仁，对错误迁就、听之任之，维持无原则的“和谐”“一团和气”，必然造成党内没有是非观，使错误得不到纠正，贻误党的事业。因此，进行积极健康的党内斗争，是党内事业健康发展、党的组织发展壮大的保证。毛泽东等中央领导同志以据理力争的鲜明态度、高超的斗争策略、巧妙的斗争艺术，既修正了错误、又团结了同

---

① 中共中央党史资料征集委员会、中央档案馆编：《遵义会议文献》，人民出版社 2009 年版，第 85 页。

志，既化解了风险、又统一了思想。会议集中地解决了党内所面临的最迫切的军事指挥和组织领导问题，但没有全面地系统地批判“左”倾教条主义的政治路线错误，照顾了党内同志的认识水平差异，使一些曾经犯过“左”倾错误的领导同志也在反思中开始觉悟，站出来反对“左”倾领导者的错误，支持毛泽东等同志的正确主张。由于每个人都有发表意见的权利和机会，最后结果取决于多数意见。少数意见仍然可以在下次会议上发表，只要被实践证明正确，能被大家接受，就可以转变为多数。因此，持不同意见的同志完全可以在保留自己意见的基础上服从大局、维护集体领导。当时党中央的每位同志都能遵守集体的决定。遵义会议的结果并没有影响团结，而是在新的基础上加强了团结，共同努力战胜了风险和危机，把革命事业引向了胜利的方向。

新征程上，面对复杂多变的国际形势和艰巨繁重的改革发展建设任务，要充分看到长期执政条件下“四大考验”的严峻性、“四种危险”的现实性，在推动伟大社会革命的过程中，我们必须以高度的历史担当精神、高举自我革命这把利器，时刻保持解决大党独有难题的清醒和坚定。党的二十届三中全会强调：“保持以党的自我革命引领社会革命的高度自觉，坚持用改革精神和严的标准管党治党，完善党的自我革命制度规范体系，不断推进党的自我净化、自我完善、自我革新、自我提高，确保党始终成为中国特色社会主义事业的坚强领导核心。”形势越复杂，挑战越严峻，任务越繁重，我们党就越要高度重视自身建设、越要大力发扬自我革命精神、越要保持干事创业精神状态，通过党的自我革命及时发现和解决自身存在的问题，使党永葆活力，从而更加坚强有力地推动新时代坚持和发展中国特色社会主义这场伟大社会革命，以中国式现代化全面推进中华民族伟大复兴。

（二）开展批评和自我批评，增强党的创造力凝聚力战斗力

恩格斯说："批评是工人运动的生命要素。"[①] 批评和自我批评，是指党组织、党员个人对党内同志，党员个人对党组织的缺点错误及时指出、深入剖析，在原则问题上进行积极的健康的思想斗争。

运用批评和自我批评这个武器，有助于正确处理和解决党内矛盾，保持和发展马克思主义政党先进性和纯洁性，不断增强党的战斗力。周恩来在遵义会议上表现了一名共产党人应有的自我批评的态度。他主动承担了军事领导和战略战术上的错误，进行了深刻的自我批评，重点强调了导致错误的主观因素，这一点与博古和李德把错误归咎于客观因素形成了鲜明反差，表现出了一名共产党人的高尚情操和磊落胸怀。遵义会议上周恩来严厉批评博古，推举毛泽东参与中央核心领导，这是博古未曾想到的。会后，周恩来同博古有一次长谈，指出毛泽东擅长农民运动，经过井冈山斗争，总结出打游击战、运动战的经验，很适合驾驭目前的战争，希望博古能抛弃前嫌，同心同德，一切从大局出发。这一席谈话，使博古解开了思想疙瘩。正是因为党的领导人有勇于批评与自我批评的勇气，并以此团结同志，才在遵义会议事实上确立了毛泽东的领导地位。此后通过十几年的革命斗争实践，形成了毛泽东思想，从而使得中国革命在以毛泽东为核心的第一代领导集体的领导下，不断取得胜利。

---

① 《马克思恩格斯文集》第十卷，人民出版社 2009 年版，第 580 页。

遵义会议上，党内同志完全出以公心，以对党的事业有益为最高原则，在党的会议上把党的利益放在最高位置，进行实事求是的、严肃认真的批评和自我批评。在这样的批评中，不考虑庸俗的人际关系，不考虑个人得失，只考虑如何对党和革命事业有益，是真正的共产党人的批评和自我批评。党的十八大以来，习近平总书记反复强调要把批评和自我批评摆在重要位置。党的二十大报告提出:“增强党内政治生活政治性、时代性、原则性、战斗性，用好批评和自我批评武器，持续净化党内政治生态。”自我革命就是要通过开展经常性的党内批评和自我批评，及时纠正党内同志思想上、工作上、生活中所存在的各种缺点错误，实现党的团结统一。从团结的愿望出发，经过批评和自我批评，达到新的团结。近年来，党中央在开展党内集中教育中，把严肃开展经常性的党内批评和自我批评作为其中关键环节和重要举措，要求领导干部要以上率下带头开展批评和自我批评，用好“团结——批评——团结”的方针，及时帮助有缺点、犯错误的同志认识和改正缺点错误，这对增强党内团结和党的整体战斗力，推进党的工作顺利开展具有重要意义。实践证明，什么时候批评和自我批评开展得好，党内就风清气正，党的创造力凝聚力战斗力就强，党的事业就蓬勃发展。

（三）健全完善制度机制，及时发现问题、纠正偏差

党的历史表明，民主集中制贯彻得不好、受到破坏，是党的领导工作出现失误、错误的重要制度原因。反之，真正落实民主集中制是纠正党内错误必须的制度保证。遵义会议前，“家长制”“一言堂”之风在党内不同程度存在，极大地影响了广大党员

干部的积极性与创造性。在第五次反“围剿”中，博古、李德就对红军过去几次反“围剿”中行之有效的积极防御方针不屑一顾，不顾敌强我弱，实行进攻上的冒险主义，使红军一开始就陷于被动地位。特别是经历了湘江战役的巨大损失后，博古、李德还是执迷不悟、一意孤行，险些葬送了党和红军。这启示我们，如果个人凌驾于组织之上，党内民主得不到充分发挥，形成的方针政策和重大决策就难以落地，必须使个人手中的权力受到约束，必须对党内存在的影响民主集中制优势发挥的不正之风时刻保持警觉。

遵义会议期间，以毛泽东为代表的众多党内领导人互相配合、合力作用，强调和突出了领导集体的权威和作用，所有与会者都充分发表了自己的意见，虽有尖锐的交锋，但没有人身攻击；虽有严厉的批评，但没有以势压人；会议有最后的决议，但允许保留意见。博古虽然在会上处于被批判的地位，但他没有压制不同意见，而是让大家把意见充分表达出来，他虽然在思想上没有完全彻底地想通，但服从了会议的决议。然而，在遵义会议作出集体讨论军事的决定，虽然充分发扬了民主，但在客观上却造成了可能贻误战机、共识难以达成的问题。这还启示我们，坚持民主集中制，既要充分发扬民主，又要善于集中统一，而且要使民主集中制的优势充分发挥出来，必须健全落实民主集中制的制度机制，从领导制度上为制定和执行重大决策部署提供保证。

党的十八大以来，以习近平同志为核心的党中央高度重视民主集中制建设，进一步巩固了民主集中制为根本组织制度和根本领导制度的地位，形成了党的组织建设的制度体系，不仅成为党的领导、组织建设的规范，而且在党的自我革命和保持党的先进性、纯洁性方面发挥了规范性作用。党的二十大报告强调:“完善党的自我革命制度规范体系。坚持制度治党、依规治党，以党章为根本，以民主集中制为核心，完善党内法规制度体系，增强党内法规权威性和执行力，形成坚持真理、修正错误，发现问题、纠正偏差的机制。”要正确处理好民主与集中的关系，只有将民主基础上的集中和集中指导下的民主相结合，充分发扬民主，最大限度地听取不同意见，甚至是反对意见，同时要善于正确集中，把不同意见统一起来，把各种分散意见中的真知灼见提炼概括出来，把符合事物发展规律、符合广大人民群众根本利益的正确意见集中起来，才能为科学决策、民主决策、依法决策提供实践的平台，推动事业不断向前发展。要始终坚持制度治党、依规治党，以党章为根本，以民主集中制为核心，完善党内法规制度体系，健全党统一领导、全面覆盖、权威高效的监督体系，完善权力监督制约机制，以党内监督为主导，以自我监督和人民监督相结合，促进各类监督贯通协调，让权力在阳光下运行。

（四）维护党的团结统一，保证党的自我革命引领社会革命

遵义会议前，我们党还不够成熟，特别是没有形成一个成熟的党中央，没有形成全党的团结统一。这是党和人民事业在革命早期屡遭挫折甚至面临失败危险的重要原因。开展党内批评，进行积极的党内斗争，不是搞宗派主义式的无原则纠纷，不是为了个人与小集团利益搞尔虞我诈的权力斗争，而是为了共同的理想，遵守党内原则进行的健康的党内斗争。这样的斗争，不是造成党内分裂，而是在弄清是非基础上，更有利于实现党的事业发展的团结。遵义会议的结果并没有影响团结，而是在新的基础上加

强了团结，共同努力战胜了风险和危机，把革命事业引向了胜利的方向。这启示我们，要推进伟大社会革命，必须维护党的团结统一。

历史和实践充分证明，党的团结统一是党的生命，是党和人民前途和命运所系，是全国各族人民根本利益所在，党中央集中统一领导是我们战胜一切困难和风险的根本保证，任何时候任何情况下都不能含糊、不能动摇。党的十八大以来，以习近平同志为核心的党中央始终注重党的团结统一，强调保证党的团结统一是党的生命，也是中国共产党能成为百年大党、创造世纪伟业的关键所在；强调要以党的伟大自我革命引领伟大社会革命。新征程上，我们要针对伟大社会革命实践的新要求来谋划党的自我革命，用伟大社会革命发展的新成果来检验党的自我革命的实际成效，努力实现以党的自我革命引领伟大社会革命、以伟大社会革命促进党的自我革命，特别是要紧紧围绕党的中心任务，时刻保持解决大党独有难题的清醒和坚定，使党的自我革命更好服从服务于党的中心任务。

第五章

遵义会议与共产党人的党性修养研究

遵义会议作为我们党历史上一个生死攸关的转折点，不仅在危急关头挽救了党、挽救了红军、挽救了中国革命，而且树立了中国共产党人坚定信念、坚持真理、实事求是的榜样，成为共产党人锤炼党性、加强党性修养的一部生动教材。深入分析共产党人党性修养的思想内涵，以及共产党人党性修养在遵义会议的体现，对新时代新征程上我们党持之以恒加强党性锻炼、提升党性修养具有重要现实意义。

一、加强党员党性修养是马克思主义政党建设的重要内容

马克思主义高度重视党性修养，中国共产党历来高度重视锤炼党性、加强党性修养。加强党性修养始终是马克思主义政党建设的重要内容，在革命、建设、改革时期，一代代中国共产党人用生命、鲜血和信仰、信念不断砥砺坚强党性，在党爱党、在党言党、在党忧党、在党为党，为党和人民的事业脚踏实地干实事、风雨无阻向前进。

（一）共产党人的党性是共产党性质宗旨的集中体现

党性问题是马克思主义党建理论最关注的问题之一，党性说到底就是立场问题。1898 年，俄国社会民主工党诞生后，俄国革命运动进入了有马克思主义政党领导的组织化阶段。面对如何实

现社会民主工党对俄国工人运动的领导这一首要问题时，列宁认为，无产阶级政党必须发展严格的党性，确保工人运动的阶级立场和政治属性，确保严格的组织纪律性。列宁指出："严格的党性是阶级斗争高度发展的伴随现象和产物。反过来说，为了进行公开而广泛的阶级斗争，必须发展严格的党性。"① 这一论述实际上说明无产阶级政党的党性是无产阶级运动发展到一定阶段的产物，是无产阶级意志的集中体现，是无产阶级政党性质宗旨的集中体现。保持无产阶级政党自身独立性、与资产阶级进行斗争，离不开坚强的党性这一思想政治条件。

党性是一个政党固有的本性和鲜明的特性，是其所代表的阶级属性的集中体现，集中反映政党的政治主张、政治活动的本性和特性。可以说，党性是党的性质、目标、宗旨、作风、纪律、道德等的综合反映。一个政党的党性，是这个政党的固有的本质特性，也是区别于其他政党的根本标志，维系着这个政党的发展延续，关系着这个政党是否能完成历史赋予的使命任务。正如 1941 年 7 月中共中央政治局通过的《中共中央关于增强党性的决定》指出的："没有这样坚强统一的、集中的党，便不能应付革命过程中长期残酷复杂的斗争，便不能实现我们所担负的伟大历史任务。"② 一个政党的党性主要通过这个政党的纲领、章程、宗旨、目标、制度、路线、方针、政策等表现出来。政党的党性由政党的性质决定，政党的党性反映着政党的性质，所以不

---

① 《列宁选集》第一卷，人民出版社 2012 年版，第 672 页。

② 中共中央文献研究室、中央档案馆编：《建党以来重要文献选编（1921—1949）》第十八册，中央文献出版社 2011 年版，第 443 页。

同的政党具有不同的党性，不同的党性体现着不同的政党。判断一个政党具有什么样的党性，主要看阶级性、组织纪律性、先进性，政党党性的这三个根本属性，每一个都不可或缺，缺少任何一个，党性都是不完整的。一个政党的党性强，一般都具有鲜明的阶级性、严格的组织纪律性和一定程度的先进性等突出特征。

刘少奇指出："共产党员的党性，就是无产者阶级性最高而集中的表现，就是无产者本质的最高表现，就是无产阶级利益最高而集中的表现。共产党员的党性锻炼和修养，是党员本质的改造。"[①] 中国共产党人的党性，是党的性质在党员个体身上所表现出来的具体特性。集中体现为党员在政治立场、理想信念、思想觉悟、纪律观念、工作作风、道德操守等方面思想行为与中国共产党党性要求相符合的程度。一个党员有没有党性，党性是强还是弱，就要看他在多大程度上把政党的价值追求当作自己的价值追求，把马克思主义政党奋斗的理想目标当作自己努力的目标。他的价值追求、奋斗目标越符合政党的价值追求、奋斗目标，他的党性就越强，反之，他的党性就越弱。只有将个人追求与党的事业高度统一，真正做到把党的事业、人民的利益放在最高位置，才能彰显出真正的党性。坚强的党性，要求党员具有高度的无产阶级觉悟和阶级意识，自觉认识本阶级的地位、利益和历史使命，任何情况下都站稳无产阶级立场、代表无产阶级利益。

长征中，红军将士和革命群众在国民党军重兵"围剿"下

① 中共中央文献研究室编：《刘少奇年谱（1898—1969）》上卷，中央文献出版社1996年版，第358页。

毅然决然踏上长征路，无论是党的高级干部和红军将领，还是红军指战员，无不从坚定的党性原则出发，坚定远大理想和革命信念，坚持实事求是，坚决执行党中央和上级的指令，听党话、跟党走。

我们党高度重视党性修养问题，并在长期的革命、建设和改革实践中不断丰富党性的内涵和外延。特别是党的十八大以来，在深入推进全面从严治党的伟大实践中，习近平总书记围绕党性提出一系列新思想、新观点、新论断，深刻阐明了什么是中国共产党人的党性、为什么要加强党性修养、怎样加强党性修养等一系列重大问题，不断赋予党性新的时代意蕴，为不断加强党性修养提供了根本遵循。新征程上，我们要持之以恒加强党性修养，始终确保党员坚持对党绝对忠诚、坚定理想信念、坚持人民至上、坚持实事求是、坚持民主集中制、严守党的纪律规矩、永葆清正廉洁的政治本色、坚持立德修身，为以中国式现代化全面推进强国建设、民族复兴伟业提供坚强政治保障。

（二）加强党性锻炼提高党性修养是共产党人的终身课题

党性修养具有鲜明的时代特征，既不会与生俱来，也不会自发形成，更不会一劳永逸，需要党员干部常修常炼，在持续不断的党性锻炼、党内政治生活、党性教育中增强。从党性的特点看，共产党人的党性不是自发形成的，需要经过长期的学习和修养才能塑造；党性本身也不是固定的、一成不变的，需要不断地锻炼和完善才能保持。

对于每个党员来说，加强党性锻炼、提高党性修养是党员干部一生的必修课。刘少奇指出，“革命实践的锻炼和修养，无产阶级意识的锻炼和修养，对于每一个党员都是重要的”[①]。坚强的党性必须当作一辈子的事，循序渐进、日复一日，在常修常炼、常悟常进中不断提升、实现升华。周恩来说：“每个党员从加入共产党起，就应该有这么一个认识：准备改造思想，一直改造到老。”[②] 特别是党性不可能随着党员党龄的增加而自然增强，也不可能随着党员干部职务的升迁而自然增强，必须在严格的党内政治生活锻炼中强化自我修炼、自我约束、自我塑造。不管是革命战争时期，还是建设和改革发展时期，都是这样。

对于党组织来说，坚强的党性不会与生俱来，也不会一朝一夕铸就，需要每一位党员用一生去追求、去实践、去提升的同时，必须加强组织纪律建设，严格党内政治生活，加强党性教育。大革命失败后，党的工作重心开始向农村转移，党员成分发生很大变化，表现到党内就是非无产阶级思想问题越来越突出，严重妨碍党的路线的贯彻执行，党内政治生活不正常。在1929年12月召开的古田会议上，毛泽东洞察到这一问题，提出批评和纠正党内各种非无产阶级思想，同不正确思想作坚决的斗争，确保党的纯洁性。

我们党历来高度重视锤炼党性、加强政治修养。历史和实践一再证明，无论党员干部身在什么位置、党龄有多长，如果不能在锤炼党性、加强政治修养上下苦功夫、硬功夫、真功夫、久功夫，就难以铸就坚强的党性。只有在学习和实践中悟真知、修其

① 刘少奇：《论共产党员的修养》，人民出版社2018年版，第11页。

② 中共中央文献研究院编：《建党以来重要文献选编（1921—1949）》第十六册，中央文献出版社1997年版，第368页。

心、治其身，活到老、学到老、修养到老，才能立身、立业、立言、立德。

（三）党内政治生活是锤炼党性、提高思想觉悟的熔炉

马克思、恩格斯高度重视党的纲领建设，并确立了党内平等与民主原则，同时强调服从权威与加强集中，维护代表大会和党章权威等，提出党内政治生活的规范要求。列宁在加强布尔什维克党建设中，论述了建党原则、党内生活和组织原则。1902 年 9 月，列宁在《就我们的组织任务给一位同志的信》中谈到“建立党内报告制度”时，提出:“我们解决严重的冲突和意见分歧，实际上根本不是‘按照章程’投票，而是用斗争和‘退出’相威胁，这我们谁不知道呢？我们大多数委员会近三四年的党内生活，就充满了这样的内部斗争。”[①] 这反映了如果没有规章制度、纪律规矩，党内政治生活的开展就没有保障。党性原则在党内政治生活中具化为党的纪律、规矩以及民主的政治开展，纪律严格、民主有序是无产阶级政党党性原则的外在表现。

马克思主义政党区别于其他政党的重要标志，不在于有没有政治生活，而在于有没有严肃认真的党内政治生活。党内政治生活，就应该是严肃认真的，严肃认真的党内政治生活，是马克思主义政党建设的题中应有之义。建党初期，为适应严酷斗争的需要，我们党注意用党纲党章规范党的生活，强调党的纪律和高度集中。但大革命后期，受当时党中央主要领导人影响，“家长制”“一言堂”现象严重，破坏了党内政治生活的正常开展。1929

① 《列宁全集》第七卷，人民出版社 2013 年版，第 18 页。

年 12 月，毛泽东在为中国共产党红军第四军第九次代表大会写的决议中，针对极端民主化提出要“从理论上铲除极端民主化的根苗”“在组织上，厉行集中指导下的民主生活”；针对非组织观点，提出“开会时要使到会的人尽量发表意见”“党的纪律之一是少数服从多数。少数人在自己的意见被否决之后，必须拥护多数人所通过的决议”“党内批评是坚强党的组织、增加党的战斗力的武器”；针对主观主义，提出要“使党员的思想和党内的生活都政治化，科学化”，“党内批评要防止主观武断和把批评庸俗化，说话要有证据，批评要注意政治”；等。[①] 提出了纠正党内的错误思想，加强党性锻炼、提高党性修养的方法。

对于马克思主义政党而言，健康的党内政治生活当然对党的自身发展和党领导的事业发展都有着极大的促进作用。严肃党内政治生活，是我们党区别于其他非马克思主义政党的鲜明标志，也是党团结带领全国各族人民完成历史使命的有力保障。但是，任何事物的发展不可能都是一帆风顺的，我们党成立初期，党内政治生活复杂、多变，充满着博弈和斗争。在遵义会议之前，中国共产党的民主集中制尚未完全成熟和健全。特别是在党内，家长制和惩办主义的倾向颇为盛行。这种倾向表现为对党内不同意见的无情打压和残酷斗争，常常以极端的方式处理党内分歧，这种做法不仅对党的团结和健康发展造成了极大的危害，也阻碍了中国革命的进程。以王明为主的“左”倾教条主义者对持不同意见的干部实行“残酷斗争”和“无情打击”，通过扣帽子、诬蔑和伤害的方式，对党内同志进行打击，给中国革命事业带来了严重

① 《毛泽东文集》第一卷，人民出版社 1993 年版，第 81—85 页。

的危害。他们用对待敌人的手段来进行党内斗争。他的“钦差大臣”满天飞，落到哪里，哪里的干部就挨整。不问实际情形如何，对怀疑、不同意、不满意、不积极拥护、不坚决执行他们路线的干部，一律给戴上“右倾机会主义”“富农路线”“罗明路线”“调和主义”“两面派”等大帽子，进行“残酷斗争”和“无情打击”。[①]1931 年 11 月上旬，中央苏区党组织在瑞金召开第一次代表大会（即赣南会议），“会议根据临时中央的指示，设立中共中央革命军事委员会，取消红一方面军总司令和总政委、总前委书记，开始排挤毛泽东在中央苏区对红军的领导”[②]。1932 年 10 月上旬，中共苏区中央局全体会议在江西宁都召开，“会议贯彻执行临时中央的‘左’倾机会主义的进攻路线，讨论红军应敌的行动方针问题，对毛泽东进行了错误的批评和指责”[③]。福建省委书记罗明和江西苏区的邓小平、毛泽覃、谢唯俊、古柏等人，皆因支持毛泽东正确路线而受到打击和迫害。“左”倾错误路线者的行为严重破坏了党内团结和和谐氛围，破坏了党内政治生活。

1935 年召开的遵义会议积极开展批评与自我批评，依照民主集中制原则，抵制了共产国际的错误领导，结束了王明“左”倾教条主义错误在党中央的统治，第一次独立自主解决自己的问题，党内政治生活出现新局面，成为党内政治生活正常化的一次生动实践。经遵义会议到延安整风和党的七大，包括以实事求是、理

---

① 《毛泽东选集》第三卷，人民出版社 1991 年版，第 986 页。

② 中共中央文献研究室编:《毛泽东思想年编（一九二一—一九七五）》，中央文献出版社 2011 年版，第 52 页。

③ 中共中央文献研究室编:《毛泽东思想年编（一九二一—一九七五）》，中央文献出版社 2011 年版，第 56 页。

论联系实际、密切联系群众、批评和自我批评、民主集中制、严明党的纪律等为主要内容的党内政治生活基本规范初步形成。

二、共产党人党性修养在遵义会议的体现

遵义会议作为党的历史上一个生死攸关的伟大转折点，它的成功召开蕴含着共产党人高超的政治智慧和纯洁的党性修养，是革命年代中国共产党人党性修养的光辉典范，集中体现了中国共产党人坚定理想信念与不畏艰难困苦、坚信科学真理与遵循实事求是、严明组织规矩与坚持民主集中制、贯彻群众路线与密切联系群众等党性修养。

（一）危急关头，对远大理想和革命信念始终坚定执着

习近平总书记在纪念红军长征胜利80周年大会上的讲话中指出："长征是一次理想信念的伟大远征。崇高的理想，坚定的信念，永远是中国共产党人的政治灵魂""长征的胜利，是中国共产党人理想的胜利，是中国共产党人信念的胜利"。崇高的理想，坚定的信念，是共产党人前仆后继、战胜强敌的精神支柱，也是勇往直前、迎难克险的不竭动力，在长征中极端困难的条件下激励和指引着红军一路向前。

坚定信念、勇往直前，是遵义会议精神的重要内容。具体而言，它体现为向着远大理想目标奋勇前行的执着追求，以及在困难与危险面前毫不退缩、坚韧不拔的积极进取精神。在遵义会议之前，红军前有重兵层层堵截，后有敌军疯狂围追，物资极度匮乏，生存环境十分恶劣，使党中央和红军陷入了极度危险的境

地，随时都有全军覆没的危险。党的广大领导干部和普通战士面对革命低潮和艰难环境并没有选择退缩，没有动摇对马克思主义的忠实信仰和正义事业必然胜利的坚定信念。遵义会议改组了中央领导机构，增选毛泽东为中央政治局常委，以毛泽东为代表的马克思主义正确路线开始得到确立。至此，中国革命在一次次艰难困苦中绝地逢生，从山重水复疑无路的灰暗时刻迎来了柳暗花明又一村的光明佳境。取得了娄山关大捷和遵义战役的胜利之后，红军四渡赤水，彻底摆脱了国民党几十万大军的围追堵截。毛泽东登上娄山关感慨道“雄关漫道真如铁，而今迈步从头越”，这正是对红军如获新生的生动写照。刘伯承在《回顾长征》中饱含深情地说道：“遵义会议的精神传达到部队中，全军振奋，好象拨开重雾，看见了阳光，一切疑虑不满的情绪一扫而光。”①

红军将士热情高涨、斗志昂扬，面对千难万险且穷凶极恶的敌人依旧冲锋在前，不怕流血牺牲，抛头颅洒热血，究其原因是有成熟的、灵活的、科学的斗争策略以及各路红军将士拥有革命理想高于天的坚定信念和不畏艰难困苦的英雄气概，亦如遵义会议决议所指出的那样，“中国苏维埃革命有着他雄厚的历史泉源，他是不能消灭的，他是不能被敌人战胜的”②，胜利必然是我们的。

长征对中国共产党人的理想信念、对革命战士的理想信念都是一次检验。在遵义会议之前，党内一度盛行“左”倾错误思想，导致红军损失惨重，经历了长征以来最被动的危局。面对如此局

---

① 《回顾长征——纪念中国工农红军长征胜利会师五十周年》，人民出版社 1985 年版，第 6 页。

② 中共中央党史资料征集委员会、中央档案馆编：《遵义会议文献》，人民出版社 2009 年版，第 25 页。

面，中国共产党人没有消极悲观，而是主动纠正自身错误，认真总结经验教训，义无反顾地肩负起历史的重任。长征中红军将士把理想信念化作永恒的精神动力，以英勇无畏的牺牲精神和不怕艰难困苦的英雄气概，造就了一座座不朽的精神丰碑。“在红一方面军二万五千里的征途上，平均每300米就有一名红军牺牲。长征这条红飘带，是无数红军的鲜血染成的。艰难可以摧残人的肉体，死亡可以夺走人的生命，但没有任何力量能够动摇中国共产党人的理想信念。”①

（二）坚持实事求是的科学态度，确立正确路线

毛泽东指出：“没有科学的态度，即没有马克思列宁主义的理论和实践统一的态度，就叫做没有党性，或叫做党性不完全。”②能否将理论与实践相结合，并以实事求是的态度解决中国革命问题，是衡量党员干部理论修养的重要标准。遵义会议之所以成为我们党历史上一个生死攸关的转折点，其中重要原因是共产党人秉持科学真理，始终坚持一切从实际出发、实事求是的思想路线，把马克思主义基本原理同中国革命实际相结合，独立自主解决中国革命的重大问题，把革命事业引向胜利。

坚持真理、修正错误的遵义会议精神，体现中国共产党人的理论修养。真理只有在实践中才能得到检验，真理只有在实践中才能得到确立。习近平总书记指出：“遵义会议的鲜明特点是坚持

---

① 习近平：《在纪念红军长征胜利80周年大会上的讲话》，人民出版社2016年版，第4页。

② 《毛泽东选集》第三卷，人民出版社1991年版，第800页。

真理、修正错误，确立党中央的正确领导，创造性地制定和实施符合中国革命特点的战略策略。”历史和实践充分证明，科学真理颠扑不破，错误路线不得人心。遵义会议结束了“左”倾教条主义错误在中央的统治，开始确立以毛泽东为主要代表的马克思主义正确路线在党中央的领导地位，这是我们党和革命事业转危为安、不断打开新局面最重要的保证。遵义会议后，在毛泽东正确的军事战略思想指引下，中央红军实施灵活机动的战略战术，四渡赤水，南渡乌江，佯攻贵阳，威逼昆明，巧渡金沙江，摆脱了几十万国民党军队的围追堵截。刘伯承回忆道：“遵义会议以后，我军一反以前的情况，好象忽然获得了新的生命，迂回曲折，穿插于敌人之间，以为我向东却又向西，以为我渡江北上却又远途回击，处处主动，生龙活虎，左右敌人。”[①] 实践鲜明昭示，追求真理、坚持真理关键是要坚持科学的思想路线和政治方向，尽最大努力减少认识和决策的失误。

实事求是是我们党不断探索规律，总结历史经验得出并长期坚持的思想路线，它要求中国共产党人解决自身问题时要从实际出发，而不是从教条主义和经验主义出发。大革命失败后，以毛泽东为代表的中国共产党人同当时党内一些错误倾向作斗争的过程中，形成了农村包围城市、武装夺取政权的思想。然而，由于王明“左”倾教条主义的错误领导，中央革命根据地第五次反“围剿”失败，红军不得不进行战略转移，开始了艰苦卓绝的长征。在遵义会议之前的黎平会议、猴场会议，实际上是两种观点的交

---

① 《回顾长征——纪念中国工农红军长征胜利会师五十周年》，人民出版社 1985 年版，第 7 页。

锋。以博古、李德为代表的“左”倾路线，不懂得把理论与实际相结合的方法论，打着共产国际指示的旗号盲目推行错误的命令，照搬苏联教科书式的做法，导致中央红军被迫撤离苏区实行战略大转移。遵义会议把马克思列宁主义基本原理与中国革命具体实际结合起来，独立自主地纠正了共产国际在指导中国革命问题上的一些错误，批评了共产国际驻中国的军事顾问李德的严重错误，制定了适合中国国情的路线、方针、政策，开启了党独立自主解决中国革命实际问题新阶段，打开了中国革命新局面。

毛泽东指出：“我们认识中国，花了几十年时间。中国人不懂中国情况，这怎么行？真正懂得独立自主是从遵义会议开始的，这次会议批判了教条主义。”[①] 遵义会议独立自主解决中国革命重大问题，这样的精神，既是实事求是的思想路线的必然要求，又是当时情况下党真正贯彻实事求是思想路线的前提。遵义会议上，中国共产党人敢于冲破“左”倾教条主义的束缚，坚持理论联系实际，一切从实际出发，把马克思主义基本原理同中国具体实际结合起来，充分体现了实事求是的精神。遵义会议之后，实事求是思想路线在全党得到贯彻。英勇的工农红军生龙活虎，犹如蛟龙入江，猛虎归林，与红军之前处处被动挨打、遭受重大损失的局面形成了鲜明对比。革命实践使中国共产党人进一步认识到，只有把马克思列宁主义基本原理同中国革命具体实际结合起来，制定出符合实际的战略、政策，才能使革命转危为安，把革命事业引向胜利。这是党和红军在血的教训和斗争考验中得出的真理，也鲜明体现了中国共产党人坚持实事求是的理论修养。

---

① 《毛泽东文集》第八卷，人民出版社 1999 年版，第 339 页。

（三）注重加强纪律建设，严格遵守党的纪律规矩

马克思主义认为，无产阶级政党必须执行严明的纪律规矩，党员应忠于党和组织，并具备高度的组织纪律意识。马克思和列宁都强调党的纪律的重要性。1859 年，马克思在写给恩格斯的信中说，“我们现在必须绝对保持党的纪律，否则将一事无成”[①]。1920 年，列宁说，“如果我们党没有极严格的真正铁的纪律……那么布尔什维克别说把政权保持两年半，就是两个半月也保持不住”[②]。任何一个组织、一个政党，没有纪律是不行的。纪律是党的建设的基础，党的纪律是维系党内正常秩序、执行党的政策路线、增强党的战斗力的基本保证。严格遵守纪律规矩，不仅是党的纪律和规矩的外在体现，更是每一位党员内心深处的自我约束和外在行为的体现。我们党是靠革命理想和铁的纪律组织起来的马克思主义政党，纪律严明是党的光荣传统和独特优势。严明纪律规矩，是党员党性修养的重要内容，要求党员在任何时候、任何情况下都必须严格遵守党的纪律，维护党的团结和统一，确保党的决策和部署得到有效执行。同时，它也激励着党员在面对复杂多变的国内外形势时，始终保持清醒的头脑和坚定的立场，以高度的政治责任感和历史使命感，为实现党的目标和人民的利益不懈奋斗。

红军是有严格的纪律的军队。革命战争年代，我们党团结带领人民打败敌人、夺取革命胜利，靠的是铁的纪律保证。毛泽东

---

① 《马克思恩格斯全集》第二十九卷，人民出版社 1972 年版，第 413 页。

② 《列宁选集》第四卷，人民出版社 2012 年版，第 134—135 页。

强调，“这个军队之所以有力量，是因为所有参加这个军队的人，都具有自觉的纪律”[1]。1934 年 11 月，红军总政治部制定了《关于争取少数民族工作的指示》，就提出要有严格政治纪律，绝对不允许对少数民族有任何骚扰，旨在严明党的纪律，争取少数民族的拥护和支持。在进入黔北各城区之前，各军团以及所管辖各部发布《关于进入城镇执行政策的规定》，要求在原则上除政治机关、保卫局及军团与师的政治部外，其余部队一律不得进城。进城的部队必须遵守纪律、军容整齐，对军容不整有碍军风的任何部队及个人进城时，守城部队均有权阻止进城。不得打扰当地人民的日常生活。这些规定，反映了红军注重加强组织纪律建设，也鲜明彰显了中国共产党人的纪律修养。

严守党的组织纪律，贯彻执行民主集中制。严明党的组织纪律，首要任务是按照民主集中制原则处理党内组织和组织、组织和个人、同志和同志、集体领导和个人分工负责等重要关系。遵义会议能够正确处理党内长期存在的错误思想和各种矛盾，是因为会议从酝酿准备、会议决策到精神传达，都是在民主集中制原则的基础上进行的。会议一开始，作为当时中央主要负责人的博古作总结报告之后，周恩来作了有关军事策略的副报告，两个报告之后，张闻天作了“反报告”。这次发言张闻天同党内主要领导将领进行了详细交谈，撰写了发言提纲，重点分析了博古、李德在军事领导上战略战术的主观主义和教条主义错误，引起了参会者的普遍赞同。会上，毛泽东与其他参会者都发表了自己的意见，有严肃的批评教育，但没有人身攻击。有观点的针锋相对，但没

① 《毛泽东选集》第三卷，人民出版社 1991 年版，第 1039 页。

有以权压人。有最终的会议决议，但允许保留意见再作讨论。博古表态服从会议决定，凯丰保留个人意见，但也很快认识到了错误。可以说遵义会议上听取不同意见、广开言路的过程，开了党内民主的新风。遵义会议是高度集中众人意见、在广泛民主的基础上真正体现民主集中制原则的伟大会议，解决了当时党内急需解决的军事和组织问题，既纠正了错误路线，又团结了党内同志，体现了中国共产党人鲜明的组织纪律修养。党内政治生活中严格执行民主集中制，是遵义会议成功的制度原因，也是当时党员干部坚强党性的显著体现。

严明党的群众纪律，密切与人民群众的联系。党的二大提出，党应当是“无产阶级中最有革命精神的大群众组织起来为无产阶级之利益而奋斗的政党，为无产阶级做革命运动的急先锋”，要到群众中去“组成一个大的‘群众党’”。红军在贵州黔北地区期间，当地军阀的黑暗统治和国民党反动派在群众中散布谣言，诋毁红军，导致群众对红军产生误解甚至是敌意，不敢和红军接触，有时还会对红军进行骚扰袭击。但红军有着严格的群众纪律，明确规定红军将士要尊重当地人民的民族风俗和宗教信仰，坚持各民族一律平等原则，实行友好团结的民族政策，禁止对少数民族进行侵扰。1934 年 10 月，红军总政治部在《关于准备长途行军与战斗的政治指令》中强调，“坚决的与脱离群众、破坏纪律的现象斗争，对于不能教育的破坏纪律的坏分子，应给以处罚，甚至在群众中公审枪决。”[①]1935 年 1 月，红军总政治部发布《关于进遵义城

① 中共中央文献研究院、中央档案馆编:《建党以来重要文献选编（1921—1949）》第十一册，中央文献出版社 2011 年版，第 585 页。

的口号和八项注意通令》规定：整齐武装服装；不掉队落伍；不脱离部队，不自由行动；到宿营地后出外要请假；私人不准向群众借东西；不乱买东西吃；无事不要进群众家里去；注意卫生，不乱屙屎尿。[①]要求各政治部、处转发到各连队去，严格遵守，表明红军是有严格的纪律的军队，不拿群众一点东西，借群众的东西要送还，严明中央红军纪律，扩大红军的政治影响。遵义会议后，为了进一步发动群众、武装群众、依靠群众，建立良好的军民关系，维护人民群众利益，贯彻群众路线，1935 年 1 月，红军总政治部发布《关于地方工作的指示信》并指出，为了争取红军在决战中的胜利，要"了解与迅速的满足当地广大群众的要求，领导群众起来反对他们最痛恨的敌人，最大胆的广泛的发动群众"[②]。1935年1月，中共中央在发布的《中国工农红军总政治部布告》中明确规定："红军是有严格的纪律的军队，不拿群众一点东西，借群众的东西要送还，买卖按照市价。如有侵犯群众利益的行为，每个群众都可到政治部来控告。"[③]红军在遵义期间，人民群众冒着生命危险帮助红军，"有的找渡船、献门板、砍毛竹、搭浮桥，帮助红军两渡乌江，四渡赤水；有的打土豪、破盐仓，为红军筹粮、筹盐、筹款；有的为红军赶制服装、鞋袜、补充御寒衣物；有的为红军印刷文件、布告、宣传品；有的为红军修枪修炮；

---

① 参见中共中央文献研究室编:《文献和研究（一九八五年汇编本）》，人民出版社 1986 年版，第 107 页。

② 中共中央文献研究院、中央档案馆编:《建党以来重要文献选编（1921—1949）》第十二册，中央文献出版社 2011 年版，第 25—26 页。

③ 中共中央文献研究院、中央档案馆编:《建党以来重要文献选编（1921—1949）》第十二册，中央文献出版社 2011 年版，第 43 页。

不少群众为红军带路、送情报、抬担架等等。”[①] 这些反映了共产党人严格群众纪律、密切与人民群众联系的修养。中国共产党之所以能够赢得人民群众的支持和拥护，并带领红军夺取长征的伟大胜利，最重要的原因在于坚持全心全意为人民服务的宗旨，严格遵守党的纪律，密切联系群众，赢得群众对红军的信任和支持。

（四）加强对地方居民的工作，组织和依靠群众革命

《中共中央关于反对敌人五次“围剿”的总结的决议》指出：“红军必须严肃自己的纪律，对广大劳苦工农群众的联系必须更加密切与打成一片。极大的加强对地方居民的工作，红军应该是苏维埃的宣传者与组织者。”[②] 虽然遵义会议只有三天，但贵州是红军长征活动时间最长、活动范围最广的省份，而且贵州民族成分多，中央和红军在贵州特别注重加强对地方居民的工作，组织和依靠群众革命。

红军在遵义地区召开多次群众动员大会，1935 年 1 月初，红军进入遵义城后，召开了群众代表会，向群众申明：“我们红军不拉夫，不派款，不打人，不骂人。红军要打的是那些贪官污吏、土豪劣绅。”[③] 党中央还发布了《中共中央告民众书》《出路在哪里》等文件，加深人民群众对党和红军政策的理解，拉近红军与人民

① 贵州省委党史研究室：《中国共产党贵州历史》第一卷，贵州人民出版社 2006 年版，第 151—152 页。

② 中共中央文献研究院、中央档案馆编：《建党以来重要文献选编（1921—1949）》第十二册，中央文献出版社 2011 年版，第 65 页。

③ 参见费侃如：《遵义会议研究论稿》，中共党史出版社 2016 年版，第 387 页。

群众之间的距离，动员最广大人民群众投身到革命事业中来。在遵义时期，我们党将“没收军阀官僚地主豪绅的一切财产，除了红军必须品外，尽量的发给群众，并号召群众自动手去没收，这样来组织与提高群众的斗争与决心，使斗争发展到分土地与建立政权”[①]。1935年3月，党中央发布的《中共中央为粉碎敌人新的围攻赤化全贵州告全党同志书》，强调“要扩大我们胜利的影响到广大工农劳苦群众中去，广泛宣传我们的纲领，利用打土豪分东西等各种方式，广泛的发动群众斗争，实行不纳税，不缴租，不还债，建立革命政权，组织游击队，动员群众帮助红军运输抬伤员送消息来配合红军作战”[②]。红军在遵义期间，严格遵守和执行“三大纪律八项注意”，与当时的贵州国民党反动政权形成了鲜明对比。红军在遵义每到一个地方，都要把粮食分给穷苦百姓，用实际行动赢得了群众的拥护和信任，流传至今的“红军菩萨”故事就是生动写照。同时，尽管当地人民群众的生活十分清贫，但遵义各族人民群众投桃报李，始终怀揣感恩的心，悉数拿出衣物、粮食、食盐等物资支援红军。党和红军在遵义地区深入开展了群众工作，在血与火的革命斗争中，与人民群众风雨同舟、生死与共，人民群众深刻认识到，中国共产党是为人民谋利益的政党，红军是人民的军队，结下了深厚的革命友谊。

坚持人民性就是坚持党性。习近平总书记指出：“红军打胜仗，人民是靠山。”一部红军长征史，就是一部红军战士同人民群

---

① 中共中央文献研究院、中央档案馆编：《建党以来重要文献选编（1921—1949）》第十二册，中央文献出版社2011年版，第26页。

② 中共中央文献研究院、中央档案馆编：《建党以来重要文献选编（1921—1949）》第十二册，中央文献出版社2011年版，第128页。

众患难与共、同心奋斗的历史。党和红军在遵义，一边宣传党的政策主张，一边全心全意为群众办实事，发动人民群众，心里装着人民群众，组织和领导人民群众开展革命斗争，映照了共产党人的初心使命，践行了党的宗旨，生动体现了中国共产党人民性这一本质属性，鲜明彰显了中国共产党人为民的情怀和修养。

三、从遵义会议汲取加强党性修养的宝贵经验

遵义会议体现出了中国共产党人在危机面前坚定远大理想和革命信念，在错误面前敢于坚持真理、修正错误，在困难面前敢于攻坚克难、团结奋斗的精神和修养。当前，我们党所处的历史方位、所肩负的使命任务和党员队伍的现实状况都发生了深刻变化，我们党面临的一系列新形势、新情况、新挑战，对保持党的先进性和纯洁性提出了新的更高要求，加强党员干部的党性修养比以往任何时候都更为重要、更为紧迫。我们要重温遵义会议，感悟共产党人的坚定党性，始终牢记“中国共产党人是什么、要干什么”这个根本问题，时刻牢记“我是谁、为了谁、依靠谁”，始终坚持真理、实事求是，科学应变、主动求变，咬定目标、勇往直前，以昂扬斗志走好新时代的长征路。

（一）坚持实事求是最需要解决的是党性问题

我们共产党是“靠实事求是吃饭”[①]的。习近平总书记说：“坚持实事求是最需要解决的是党性问题。”遵义会议可以说是坚持理

① 《毛泽东选集》第三卷，人民出版社 1991 年版，第 836 页。

论与实际相结合、实事求是探索中国道路的典范。遵义会议前，王明“左”倾错误统治全党已达四年之久。在这种错误路线领导下，第五次反“围剿”失败了，迫使红军放弃革命根据地开始长征。长征初期，“左”倾教条主义者从进攻中的冒险主义变成退却中的逃跑主义，并且把战略转移变成搬家式的行动，使部队的行军速度非常缓慢，致使敌人有充分的时间调集兵力，对红军实行围追堵截，红军在突围过程中损失惨重。这些失败和损失，根源就在于思想路线上，从根本上说是违背了马克思主义唯物辩证法的方法论，盲目地服从共产国际和苏联的指示和模式，“只知道纸上谈兵，不考虑战士要走路，也要吃饭，也要睡觉，也不问走的是山地，平原还是河道，只知道在略图上一划，限定时间打，当然打不好”[①]。

遵义会议首先解决的是军事问题，本身就体现了实事求是。当时，敌军继续重兵围追堵截，几万红军依然没有脱离险境，红军的生存和出路是最大的问题。所以，遵义会议集中全力解决当时具有决定性意义的军事问题。会议列举大量事实，深刻分析了第五次反“围剿”和长征中战略战术及军事指挥上的错误，着重批判了博古、李德在军事上的错误指挥，严厉地批判了“左”倾教条主义、冒险主义错误。会议明确指出以分散兵力的作战方针代替集中兵力的作战方针，违背了我军战略上持久、战术上速战速决的基本原则，批判了“左”倾机会主义的军事路线，重新肯定了以毛泽东为代表的正确军事路线，要求红军迅速完成从阵地战到运动战的转变，灵活机动地运用战略战术，为创建新的根据

---

① 中共中央党史资料征集委员会、中央档案馆编:《遵义会议文献》，人民出版社 2009 年版，第 122—123 页。

地而斗争。伍修权后来回忆说:“在会议上，曾经有人提出批评和纠正六届四中全会以来的政治错误，毛泽东同志机智地制止了这种做法。正是这样，才团结了更多的同志，全力以赴地解决了当时最为紧迫的军事问题。”①会上对博古和李德的严厉批评也是实事求是的，对他们既不是否定一切，也不是残酷斗争、无情打击。可以说，遵义会议为实事求是的思想路线奠定了实践基础，实事求是的思想路线是遵义会议给我们留下的宝贵精神财富。党和红军在这种实事求是的思想指导下，为以后的四渡赤水、北上抗日奠定基础，不仅战胜了困难，走出了险境，更在北上抗日中获得新的力量和空间。同时，这种胜利又鼓舞党和红军对实事求是思想的进一步认识和实践。

历史一再证明，什么时候坚持实事求是思想路线，党的事业就顺利发展、胜利前进，什么时候偏离了实事求是思想路线，党的事业就会遭受挫折。新征程上，广大党员、干部必须清醒地认识所面临的形势和任务，直面改革道路上复杂多变的矛盾和问题，坚持把实事求是作为最大的党性，把实事求是贯彻落实到工作全过程、各方面，不断提高自己的思想理论水平和工作水平。坚持实事求是，最基础的工作在于搞清楚“实事”，就是了解实际、掌握实情。要了解实际，就要掌握调查研究这个基本功。坚持实事求是，关键在于“求是”，就是探求和掌握事物的发展规律。客观规律总是内在于、深藏于现象的背后，并不直接地展现在人们面前，不可能为人们直接感知。党员干部要认识事物的客观规律，必须夯实马克思主

---

① 中共中央党史资料征集委员会、中央档案馆编:《遵义会议文献》，人民出版社2009年版，第126页。

义理论功底，注重在实践中学真知、悟真谛，掌握科学的世界观和方法论。在工作实践中，是不是实事求是可以从很多方面来看，最根本的要看是不是讲真话、讲实话，是不是干实事、求实效，归根到底，就看能否做到求真务实。党员干部要坚持以党性立身做事，把说老实话、办老实事、做老实人作为党性修养和锻炼的重要内容，一切以人民利益和党的事业为重，敢于坚持真理，善于独立思考，做真正的唯物主义者。要有公而忘私的高尚品格，自觉践行全心全意为人民服务的根本宗旨，自觉为党分忧、为国尽责、为民奉献，以坚强的党性来保证做到实事求是。

（二）始终把坚定理想信念作为终身课题常修常炼

对马克思主义的信仰，对社会主义和共产主义的信念，是共产党人的政治灵魂，是共产党人经受住任何考验的精神支柱。于生死存亡之际召开的遵义会议，充分体现了坚定理想信念的极端重要性。遵义会议前，党和红军陷入极度危难之中——第五次反“围剿”失败，根据地丢了，一路上被动挨打。红军主力向什么地方转移？经过什么地方？路有多远？这些都不清楚。血战湘江过后，中央红军主力不仅数量锐减，而且前有重兵堵截，后有敌军围追，物质条件极端困难，生存环境十分险恶，党和红军陷入极度危难之中，随时有全军覆没的危险。但从党的领导人到普通战士，没有谁动摇对马克思主义的信仰和对中国革命事业必胜的信念，大家处变不惊，遇难不馁，认真总结失败的教训，积极寻找正确的道路。正因为如此，才使遵义会议得以召开，错误路线得以纠正，正确路线得以确立，从而转危为安、转败为胜！正如遵义会议决议里说的那样，“中国苏维埃革命有着他雄厚的历史泉源，他是不能被敌人消灭的，他是不能被敌人战胜的”“中央苏区、湘鄂赣苏区、湘赣苏区与闽浙赣苏区的变为游击区，不过是整个苏维埃革命运动中部分的挫折。这种挫折丝毫也不足以使我们对于中国苏维埃革命的前进表示张皇失措，实际上帝国主义国民党就是想暂时停止苏维埃革命运动的发展也是不可能的。”[①] 遵义会议后，红军在土城打响第一场战役，敌我双方在青杠坡激战，我军伤亡三千余人，损失惨重。那些在战斗中牺牲的革命烈士，有的无姓名，包括来自哪里，都不知道。他们就是凭着一股信念不畏生死，勇往直前。

历史一再证明，理想信念，任何时候都至关重要，任何时候都要坚定执着。今天，我们已经进入以中国式现代化全面推进强国建设、民族复兴伟业的新征程。中国式现代化是一项前无古人的开创性事业，我们必然会面临不少可预料和不可预料的困难和挑战。没有坚定的理想信念，就容易患上“软骨病”，在乱云飞渡的复杂环境中迷失方向、在泰山压顶的巨大压力下退缩逃避、在糖衣炮弹的轮番轰炸下缴械投降。新征程上，广大党员、干部要从遵义会议精神中充分汲取坚定信念的力量，把坚定理想信念当作终身必修课常修常炼，始终坚守共产主义远大理想和中国特色社会主义共同理想，做到虔诚而执着、至信而深厚。

理想信念的坚定，来自思想理论的坚定。广大党员、干部要始终坚持用习近平新时代中国特色社会主义思想凝心铸魂，原原本本学、全面系统学、联系实际学、融会贯通学，深刻领会和把握其世界观和方法论特别是“六个必须坚持”的精髓要义，做到

---

① 中共中央党史资料征集委员会、中央档案馆编：《遵义会议文献》，人民出版社 2009 年版，第 25 页。

学思用贯通、知信行统一，把学习成果转化为坚定理想、锤炼党性的强大力量。理想信念坚定和对党忠诚是紧密联系的，理想信念坚定才能对党忠诚，对党忠诚是对理想信念坚定的最好诠释。广大党员、干部要自觉从百年党史中，从党和国家事业取得的历史性成就、发生的历史性变革中，深刻领悟“两个确立”的决定性意义，自觉接受严格的党内政治生活历练，不断增强“四个意识”、坚定“四个自信”、做到“两个维护”，任何时候任何情况下都在思想上政治上行动上同以习近平同志为核心的党中央保持高度一致，做到党中央提倡的坚决响应，党中央决定的坚决照办，党中央禁止的坚决不做。

（三）坚持在严肃党内政治生活中锤炼坚强党性

严肃认真的党内政治生活，是我们党坚持党的性质和宗旨、保持先进性和纯洁性的重要法宝，是广大党员、干部锤炼党性的“大熔炉”。遵义会议不仅是我们党政治上、军事上走向成熟的转折点，也是通过正确开展严肃党内政治生活解决组织问题和党内分歧的伟大转折。遵义会议前，党内政治生活一直处于非正常化的状态，博古后来在七大会议上发言时也承认，“做了临时中央负责人以后，更发展自己品质的坏的方面，目空一切，看不起任何人，不请教任何人，觉得我比任何人都高明，要是有人有老子第一的想法，那我就是这样的人，发展了刚愎自用，不愿自我批评，不愿意听人家批评，对于一切错误，采取文过饰非的态度”[①]。遵义会议的召开，使

---

① 中共中央党史资料征集委员会、中央档案馆编:《遵义会议文献》，人民出版社 2009 年版，第 114 页。

得党内政治生活恢复正常。会上，长征途中党和红军的主要领导者，包括毛泽东、王稼祥、朱德、周恩来、彭德怀、聂荣臻等同志都充分表达了自己对军事问题的看法和主张，使不同意见有充分的交流、碰撞的机会，持不同意见的双方都展现了良好的民主精神和素养。作为当时中共中央的最高领导人和会议主持者的博古，“虽然是会上主要批判对象之一，但是，他的态度也是比较端正的。他主持会议，却不利用职权压制不同意见，表现了一定的民主作风和磊落态度”[①]。博古在主持会议时能够端正态度，一方面固然与其个人素养有关，更主要的还是党内政治生活中形成的民主机制发挥作用的结果。而支持毛泽东正确军事路线的同志，也没有剥夺“左”倾军事路线支持者说理与辩解的权利。“当时会议的气氛虽然很严肃，斗争很激烈，但是发言还是说理的。”[②]

《中共中央关于反对敌人五次“围剿”的总结的决议》中明确提出，“政治局扩大会认为反对军事上的单纯防御路线的斗争，是反对党内具体的右倾机会主义的斗争，这种斗争在全党内应该开展与深入下去。一切把这一斗争转变为无原则的个人纠纷的企图，必须受到严厉的打击。”[③]《决议》还对党内政治生活不正常的现象进行了深刻批判，指出“军委的一切工作为华夫同志个人所包办，把军委的集体领导完全取消，惩办主义有了极大的发展，自我批

---

① 中共中央党史资料征集委员会、中央档案馆编:《遵义会议文献》，人民出版社2009年版，第127页。

② 中共中央党史资料征集委员会、中央档案馆编:《遵义会议文献》，人民出版社2009年版，第125页。

③ 中共中央党史资料征集委员会、中央档案馆编:《遵义会议文献》，人民出版社2009年版，第21页。

评丝毫没有，对军事上一切不同意见不但完全忽视，而且采取各种压制的方法，下层指挥员的机断专行与创造性是被抹煞了”“虽是军委内部大多数同志曾经不止一次提出了正确的意见，而且曾经发生过许多剧烈的争论，然而这对于华夫同志与 ×× 同志是徒然的。”① 这些认识，都是对遵义会议在体现严肃党内政治生活，以民主、理性精神解决党内严重分歧方面的最好注解。

历史一再证明，严肃认真的党内政治生活、健康洁净的党内政治生态，是党的优良作风的生成土壤，是党的旺盛生机的动力源泉，是保持党的先进性纯洁性、提高党的创造力凝聚力战斗力的重要条件。我们党正在团结带领全国各族人民，以进一步全面深化改革推进中国式现代化，实现中华民族伟大复兴的中国梦，这就需要坚持以改革创新精神纵深推进全面从严治党。严肃党内政治生活、净化党内政治生态是全面从严治党的题中应有之义，是我们党坚持党的性质和宗旨的重要法宝，是我们党实现自我净化、自我完善、自我革新、自我提高的重要途径。抓住了这个点，我们党就能更好凝心聚魂、强身健体。各级党组织要进一步加强和规范党内政治生活，严格执行关于新形势下党内政治生活的若干准则，认真落实“三会一课”、主题党日、组织生活会、民主生活会、民主评议党员等基本制度，与时俱进丰富拓宽党内政治生活的内容、载体和方式，探索常态化开好组织生活会的有效途径，提高党内政治生活质量，进一步增强党内政治生活的政治性、时代性、原则性、战斗性。党员干部特别是领导干部要通过批评和自我批评，达到“红脸

① 中共中央党史资料征集委员会、中央档案馆编:《遵义会议文献》，人民出版社 2009 年版，第 21—22 页。

出汗、排毒治病”的效果，即通过坦诚的交流和深刻的自我剖析，深化对党的理论和路线方针政策的理解，清除思想上的杂质，提高政治觉悟，促进党内政治生态的健康发展。

（四）不断加强制度建设为党性修养提供制度保障

思想建设需要制度建设的支撑，制度执行需要以增强全党制度意识为基础。管好治好我们党，不靠思想教育不行，光靠思想教育也不行；不靠制度不行，光靠制度也不行，必须把思想建党和制度治党紧密结合起来。习近平总书记在党的十九大报告中指出，坚持全面从严治党，“必须以党章为根本遵循，把党的政治建设摆在首位，思想建党和制度治党同向发力”。这是对党的建设历史经验的深刻总结。

注重思想建党、理论强党始终是我们党的一大创造和独特优势。毛泽东在古田会议上创造性地提出着重从思想上建党，解决好党员、干部世界观、人生观、价值观这个“总开关”问题。同时，我们党对制度建设重要性的认识，也随着党的建设实践不断发展而逐步深化。革命时期，我们党在领导制度、组织制度、工作机制等方面做了大量工作，但由于思想认识和历史条件的局限，制度建设和制度执行都不完善。遵义会议前，由于对党内民主的认识还不够深刻，且缺乏有效的制度约束，加之革命战争年代，斗争形势异常复杂，致使党内政治生活不正常，这种现象一直持续到遵义会议。遵义会议上，参会代表人士发扬民主作风，充分发表批评意见，开展批评和自我批评。遵义会议后，我们党建立了一套健全的党的生活制度。

历史一再证明，制度问题不解决，思想作风问题也解决不了。

中国共产党的党性、中国共产党党员的党性的不断提升巩固，离不开制度的约束规范作用。面对新时代新征程、新使命新任务，必须充分重视制度机制对加强党员党性修养的刚性规范约束功能，在健全制度机制、强化制度执行上狠下功夫，不断强化党性修养的制度约束。继续坚持和完善民主集中制，完善重大问题由党的委员会集体讨论决定制度，推动各级党员领导干部严格按程序办事、按规矩办事、按集体意志办事。健全党的创新理论学习教育机制，结合巩固拓展主题教育成果，健全以学铸魂、以学增智、以学正风、以学促干长效机制，建立经常性和集中性相结合的纪律教育机制，建立常态化培训特别是基本培训机制，不断把理论武装引向深入。探索建立常态化开展党的组织生活的制度机制，引导党员干部在严格的政治生活历练中提高党性修养。健全完善党性教育制度机制，注重建立科学的党性修养评价制度，评价结果要与选拔任用、职级等级晋升、评先选优等相挂钩，引导党内形成崇德向善的政治风气，让党员感受到党性修养的力量，从而内化于心、外化于行。要深入学习、使用党内法规，着力增强制度执行力，真正让铁规发力、让禁令生威，充分发挥好制度硬约束的作用，在遵规守纪中不断提高自身党性修养。健全完善全覆盖的制度执行监督机制，将制度执行情况纳入考核内容，强化日常督查和专项检查，持续深化对违反党规党纪行为的问责力度，对违规违纪、破坏法规制度踩“红线”、越“底线”、闯“雷区”的，坚决严肃查处、决不姑息，以严格制度执行保证党员干部严守理想信念标准，在党纪刚性约束下增强党性修养。

第六章 遵义会议精神研究

长征途中，中共中央政治局召开的遵义会议铸就了坚定信念、坚持真理、独立自主、团结统一的遵义会议精神。新时代新征程上，要大力弘扬遵义会议精神，为奋力推进中国式现代化贵州实践，为推进强国建设、民族复兴伟业凝聚强大精神力量。

一、遵义会议精神的形成基础

1934 年，中央红军在第五次反“围剿”失败后，被迫进行战略大转移，开启了漫长而又伟大的长征之行。面对湘江一役惨败的沉痛现实，经毛泽东的耐心劝导和推动，中共中央召开了以遵义会议为标志的系列重要会议，形成了遵义会议精神，这是中国共产党人精神谱系中具有突出历史意义和现实意义的重要组成部分。遵义会议精神的形成不是一蹴而就的，而是有其深刻的实践基础、理论来源和文化根基。

（一）遵义会议精神形成的实践基础

遵义会议精神的形成与遵义会议前中国革命的历史实践紧密相连，尤其与党内长期存在的“左”倾错误路线和以毛泽东为代表的正确路线之间的斗争密切相关。大革命失败后，在党内“左”倾教条主义逐渐滋生并严重危害党的革命事业时，以毛泽东为主要代表的正确路线便开始了与错误路线进行坚决斗争。毛泽东始终坚持实事求是，通过深入实际调查研究，正确分析了敌我形势，提出了符合革命需要的军事战略和战术，并结合革命实际探寻出了农村包围城市、武装夺取政权的正确革命道路。但是，随着“左”倾教条主义影响的扩大，毛泽东等人被排挤出中央主要领导岗位，其所坚持的实事求是的思想路线被诋毁为“狭隘的经验论”，在土地改革中的政策被指责为走“富农路线”，在军事指挥中的战略战术被批评为“纯粹的防御路线”“游击主义”。

党内“左”倾错误路线，在军事上表现为冒险主义，其最直接而严重的后果便是第五次反“围剿”的失败，中共中央不得不进行战略转移。长征伊始，红军持续遭受重大损失，尤其是在博古和共产国际军事顾问李德的指挥下进行的湘江战役，红军损失惨重。革命形势异常严峻，红军士气非常低落，不仅下层的红军士兵对军事指挥非常不满，就是在干部特别是高级干部中，也早就酝酿着要求纠正错误、改变领导的意见。据伍修权回忆，早在第五次反“围剿”时，张闻天就曾向他表达过不满并指出：“李德这样指挥怎么行？这样能打胜仗吗？”[①] 彭德怀也很不满李德的瞎指挥，曾当面说他完全不懂红军的作战原则，是“主观主义和图上作业的战术家”[②]。

与李德把军事课本上的条条框框照搬到苏区的做法相比，从中国革命实际出发的以毛泽东为主要代表坚持实事求是路线的正确性愈加突显，也愈加受到广大红军战士的怀念和拥戴。在长征途中，毛泽东虽遭受排挤，但仍然关注时局的发展。他经常在行军休息和宿营时与王稼祥、张闻天商讨军事路线问题。在多次的交谈和努力

---

① 中共中央党史资料征集委员会、中共中央党史研究室编：《中共党史资料》第二辑，中共中央党校出版社 1982 年版，第 170 页。

② 中共中央党史资料征集委员会、中共中央党史研究室编：《中共党史资料》第一辑，中共中央党校出版社 1982 年版，第 173 页。

下，毛泽东的正确主张终获张闻天、王稼祥的赞成和支持。

湘江战役后，红军部队行进到湘西通道地区，此时蒋介石已察觉到红军打算向湘西与红二、红六军团会合而布下口袋阵，等待主力红军钻进包围圈，李德竟仍坚持按原计划行军，把遭受严重损失的三万多红军往敌人虎口送。意识到党和红军面临的严峻危机，毛泽东多次找到王稼祥、张闻天等人进行耐心分析和劝说，“从敌军重兵阻拦红军主力北上这一情况出发，力主西进，向敌人兵力薄弱的贵州进军”①。迫于战争形势以及毛泽东有理有据的分析，中央接受了毛泽东的正确意见，红军改向贵州进军。需要指出的是，此次会议虽然通过了毛泽东的建议，但由于中央主要领导同志没有达成共识，故未能对战略转移的大方向作出决定，最直接的表现就是会后博古、李德仍然坚持要去湘西。

为了解决红军未来战略计划问题，1934 年 12 月 18 日，中共中央在贵州黎平召开政治局会议。会上，毛泽东坚决主张向黔北进军，在以遵义为中心的川黔边地区创建新的根据地，但是博古、李德等人仍坚持原来主张。经过激烈争论，最终绝大多数同志接受了毛泽东的正确主张，并通过了《中央政治局关于战略方针之决定》，这是长征后首次以中央文件的形式明确了毛泽东的正确主张的决定。会后，红军经贵州腹地向黔北挺进，12 月底占领乌江南岸的猴场。1934 年 12 月 31 日至 1935 年 1 月 1 日，在中央政治局大多数同志的要求下，中央在抢渡乌江之前召开了猴场会议。猴场会议除了决定继续向川黔边进军外，还决定“关于作战方针，以及作战

① 中共中央文献研究院编：《毛泽东年谱（1893.12—1937.06）》第一卷，中央文献出版社 2023 年版，第 437 页。

时间与地点的选择，军委必须在政治局会议上做报告”[①]，这实际上是限制了博古、李德的军事指挥权，基本结束了“三人团”的军事指挥，为遵义会议彻底否定“三人团”打下了基础。此后，整个战局出现了转机，红军也逐渐恢复了活力。

中央从老山界到黎平，从黎平到猴场，一路展开争论。这时，党内高层对于红军军事指挥的错误问题基本上达成一致意见。在这种形势下，召开一次政治局会议，总结经验教训，纠正领导上的错误的条件已经成熟。1935 年 1 月 7 日，红军攻占了贵州北部重镇遵义，战局出现了一个稍微缓和的环境，红军在此进行了休整。1 月 15 日至 17 日，中央在遵义召开政治局扩大会议，会议集中解决了党内所面临的最迫切的军事问题和组织问题，结束了王明“左”倾教条主义错误在中央的统治，开始确立以毛泽东为主要代表的马克思主义正确路线在党中央的领导地位。

遵义会议解决了红军的领导和战略战术问题，保证了毛泽东参与军事指挥与决策，但常委分工等问题并未得到解决。1935 年 2 月 5 日，在川滇黔交界的一个叫“鸡鸣三省”的村子，中央政治局常委分工，根据毛泽东的提议，决定由张闻天代替博古负中央总的责任；决定毛泽东为周恩来在指挥上的帮助者，博古任总政治部代理主任。会议还确定了中央红军的行动方向，放弃渡江北上的计划，确定在敌人力量相对薄弱的川滇黔边区机动作战，寻机创建新的根据地的战略方针。

1935 年 3 月 10 日至 12 日，中央政治局在苟坝召开会议，讨

---

① 中共中央文献研究室、中央档案馆编:《建党以来重要文献选编(1921—1949)》第十二册，中央文献出版社 2011 年版，第 2 页。

论是否进攻打鼓新场。毛泽东对此持反对意见，但大多数同志都主张进攻打鼓新场，争取更大胜利。会议争论不休，毛泽东以不担任前敌司令部政委职务进行抗争，但仍无济于事。对于是否进攻打鼓新场的问题，毛泽东思索再三后，提着灯笼踩着泥泞小道走了几里路去说服周恩来，最后周恩来接受了他的意见，然后又说服了其他同志，放弃进攻打鼓新场。经过此事，毛泽东等人意识到长征途中每遇战事都要召集20多人开会讨论很容易贻误战机，因此提议成立全权军事指挥小组。这一提议获得周恩来、张闻天的赞同。会议一致通过由毛泽东、周恩来、王稼祥组成新的三人小组全权指挥红军军事行动。苟坝会议进一步巩固了毛泽东的领导地位。

毛泽东指挥红军四渡赤水，红军跳出数十万敌军的重重包围，战场指挥由被动变为主动，并顺利地渡过金沙江到达四川省会理地区。但由于部队长途跋涉，连续行军作战，疲惫不堪，加上有些战斗失利，一些红军将领不理解毛泽东的指挥方式，认为部队总是转来转去不打仗，净走冤枉路，出现很多怨言，甚至有人提出撤销毛泽东的前敌指挥权。为了统一思想，1935年5月12日，中央政治局在四川会理召开扩大会议。经过激烈争论，会议进一步肯定了毛泽东的军事指挥，批评了少数人的错误认识，统一了全军的思想，维护了党和红军的团结，巩固了毛泽东在党和红军的领导地位。可以说，会理会议进一步巩固了遵义会议的成果。

（二）遵义会议精神形成的理论来源

毛泽东说：“自从中国人学会了马克思列宁主义以后，中国人在精神上就由被动转入主动。”[①] 作为中国共产党人精神谱系重要组成部分的遵义会议精神，是中国共产党在坚持马克思主义辩证唯物主义和历史唯物主义指导的基础上形成的，是在马克思主义基本原理与中国革命具体实际相结合、践行实事求是思想路线的过程中形成的。

坚持物质和意识的辩证关系原理。马克思主义认为，在物质与意识之间，物质为第一性，起决定性作用，意识由物质决定而又对物质具有能动的反作用。因此，在从事具体实践活动过程中，必须坚持从客观实际出发，坚持改造主观世界与改造客观世界相统一，以此为基础，通过充分发挥人的主观能动性实现对事物发展的规律、趋势及结果的科学理解和把握，从而进一步加深对客观世界的认识，进而正确地改造客观世界。以遵义会议为转折标志的系列重要会议召开的过程，实际上就是进一步深化对马克思主义辩证唯物论的认识和应用的过程，就是坚持真理、坚持实事求是的正确思想路线战胜“左”倾教条主义错误的过程。遵义会议前，以王明为代表的“左”倾教条主义统治了中国共产党，他们以“百分之百的布尔什维克”[②] 自居，打压以毛泽东为主要代表的实事求是正确路线，使党和红军遭受了巨大损失，且在党内和军内造成了一定的思想混乱。党内长期存在的把共产国际指示和苏俄经验神圣化的思想造成的严重后果表明，不以客观实际情况为依据，不按客观实际情况的变化而采取灵活的革命策略，要想取得革命的胜利是根本不可能的。基于此，以毛泽东为主要代表

① 《毛泽东选集》第四卷，人民出版社 1991 年版，第 1516 页。

② 《毛泽东选集》第三卷，人民出版社 1991 年版，第 968 页。

的中国共产党人以坚持真理的精神品质进行了不懈斗争，并在通道会议、黎平会议、猴场会议上取得了较好成效，促成了遵义会议的召开。此后，经过扎西会议、苟坝会议等，进一步巩固了遵义会议的重要成果，促成了遵义会议精神的形成。

坚持对立统一规律。事物存在于众多矛盾交织而成的世界中，而每一事物都包含着主要矛盾和次要矛盾，二者在特定的条件下可以实现相互转化。因此，在实践中既要看到主要矛盾也要注意到次要矛盾。事物的性质由主要矛盾的主要方面决定，因而在处理矛盾时，要重点解决主要矛盾的主要方面，抓住重点解决主要问题，而不能混淆主次抑或眉毛胡子一把抓。党的团结统一是中国革命胜利的根本保障，以毛泽东为主要代表的中国共产党人深知这一点。因此，在与“左”倾教条主义进行斗争的过程中，毛泽东坚持两点论和重点论的方法。在遵义会议上，毛泽东抓住了“军事和组织问题”这一当时最主要的矛盾，以驳斥和纠正党内长期存在的“左”倾教条主义思想，从当时党和红军面临的严峻形势出发，有理有据地集中阐释了第五次反“围剿”以来党内存在的军事指挥问题，争取到了周恩来、张闻天、朱德、王稼祥等人的支持。在批驳中，毛泽东以军事指挥权为抓手，在合理驳斥“左”倾错误的同时又有效地避开了政治路线这一决定党团结统一的深层次问题，较好地维护了党的团结稳定。在遵义会议前后，毛泽东坚持用两点论和重点论相统一的方法，巧妙而正确地处理了党内矛盾，如运用耐心劝说的方法，在同“左”倾错误做坚决斗争的同时，注意斗争策略和方式，避免在党和红军内部造成不必要的冲突。后来，周恩来提道：“先解决军事路线，这就容易通，很多人一下子就接受了。如果当时说整个都是路线问题，有很多人暂时会要保留，反而阻碍党的前进。这是毛主席的辩证唯物主义，解决矛盾首先解决主要的矛盾，其次的放后一点嘛。”[①] 正是采取了既抓主要矛盾又抓其主要方面的方法论，“左”倾军事错误得到根本性的纠正，党保持了最大范围的团结统一，促成了遵义会议的成功和遵义会议精神的形成。

坚持实践与认识的辩证关系原理。马克思主义是以社会实践为基础构建起的科学理论体系，重视实践性是马克思主义的显著特征。实践以客观事实为基础，是实现主客体、主观世界与客观世界交互联系的媒介。人们在参与社会实践的过程中，必须不断完善和发展既有认识，并科学地对新获取的认识进行证明与检验，动态地认识事物发展的规律并准确把握其动向，达到目的性与规律性相统一。遵义会议精神的形成过程，就是一个通过实践不断深化认识，最后达到革命的实践性与科学性相统一的过程。在中国共产党成立后的相当一段时间内，许多共产党人相信共产国际决议和苏联经验是完全正确的。由于缺乏相应的革命实践和经验，在遵义会议前的很长一段时间里党内深受苏俄革命模式的影响，也产生了极其严重的照搬苏俄革命模式、教条运用马克思主义的情况。在“左”倾教条主义给党和红军造成极大损失的同时，以毛泽东为主要代表的中国共产党人在学习、借鉴苏俄革命经验尤其是将其运用于中国革命的实践过程中，逐渐认识到中国与苏俄的革命情况不同，必须根据实际情况采取不同的革命策略。但受“左”倾教条主义的影响，中国革命前途逐渐走向危急并在第五次反“围剿”失利后面临巨大的生存挑战。在遵义会议上，毛泽东

---

① 中共中央党史资料征集委员会、中央档案馆编:《遵义会议文献》，人民出版社 2009 年版，第 72 页。

结合革命实际情况科学客观地分析了军事指挥上所犯的进攻冒险主义、防御保守主义以及退却逃跑主义等严重错误，得到了党内多数人的支持。遵义会议后，在以毛泽东为代表的正确路线的领导下，党和红军转危为安，中国革命翻开了新的篇章。中国共产党也终于摆脱了教条主义的严重束缚，开启了独立自主探索解决中国革命问题的新阶段。在积极探索将马克思主义基本原理与中国革命具体实际相结合的过程中，中国共产党人找到了一条适合中国革命发展的道路并推动了中国革命形势向前向好发展。正是在革命实践基础上形成的独立自主精神，促成了遵义会议的召开和遵义会议精神的形成。

（三）遵义会议精神形成的文化根基

遵义会议精神的形成有着深厚的中华优秀传统文化根基。中华民族在五千多年的历史长河中创造了璀璨的文明，孕育了优秀的民族文化和民族精神，形成了以爱国主义为核心，以团结统一、爱好和平、勤劳勇敢、自强不息等特质为基本内涵的伟大民族精神。遵义会议精神的形成深深根植于中华优秀传统文化和伟大民族精神的沃土中。

遵义会议精神继承和弘扬了中华优秀传统文化蕴含的坚定革命理想信念的基因。中华优秀传统文化历来重视理想信念的培育与坚守。古人对政治理想、道德理想的执着追求，为遵义会议精神的形成提供了深厚的文化土壤。如北宋张载所言：为天地立心，为生民立命，为往圣继绝学，为万世开太平。这种以天下为己任的崇高理想，正是遵义会议精神中坚定理想信念的重要来源。在中国共产党的革命历程中，无数革命先驱秉承中华优秀传统文化的这一精神特质，将个人理想与国家命运紧密相连，树立起“为中国人民谋幸福、为中华民族谋复兴”的初心和使命。遵义会议期间，面对极其严峻的形势和复杂的斗争环境，中国共产党人依靠坚定的理想信念，在困境中寻找到正确的道路，最终取得了革命的胜利。坚定的理想信念，不仅体现在对革命胜利的坚定信念上，更体现在对共产主义远大理想的执着追求上。这样的理想信念是遵义会议精神的核心所在，也是中国共产党人不断前进的精神动力。

遵义会议精神继承和弘扬了中华优秀传统文化蕴含的坚持真理的基因。中华优秀传统文化中蕴含着丰富的求真精神。古人崇尚“格物致知”，强调通过实践探索真理，“路漫漫其修远兮，吾将上下而求索”。遵义会议期间，中国共产党人敢于直面错误，勇于坚持真理，通过对第五次反“围剿”失败原因的深刻剖析，坚决纠正了“左”倾错误路线，确立了以毛泽东为主要代表的马克思主义正确路线。在革命历程中，无数革命先烈为了探索真理、坚持真理而英勇奋斗，为中国革命的成功奠定了坚实基础。遵义会议正是这一真理探索过程中的重要里程碑，它标志着中国共产党人在真理面前勇于自我革命、勇于自我超越的精神风貌。遵义会议所体现的坚持真理，不仅体现在对错误路线的坚决纠正上，更体现在对马克思主义中国化时代化的不断探索与实践中。勇于坚持真理，是推进马克思主义中国化时代化的重要经验之一，也是推进理论和实践创新的内在动力。

遵义会议精神继承和弘扬了中华优秀传统文化蕴含的坚持独立自主的基因。古人强调“独立自主”，主张依靠“向内”的提升来解决问题，“天行健，君子以自强不息”。中国共产党始终注意独立自主这一问题。在革命斗争中，独立自主始终是我们党坚持的重要原则。遵义会议期间，中国共产党人摆脱了共产国际的干预和影响，独立自主地解决了中国革命的重大问题。遵义会议后，中国共产党更是在毛泽东的领导下，独立自主地领导中国革命走向胜利。遵义会议所体现的坚持独立自主的精神，不仅体现在对外部干预的坚决抵制上，更体现在对中国革命道路的自主探索与实践中。这种独立自主精神是遵义会议精神的重要特征，也是中国共产党人不断前进的重要动力源泉。

遵义会议精神继承和弘扬了中华优秀传统文化蕴含的坚持团结统一的基因。中华优秀传统文化历来重视团结统一、以和为贵，如《淮南子·兵略训》中所言："千人同心，则得千人力；万人异心，则无一人之用"。无论是"大一统"思想还是"和合"理念，都体现了古人对团结统一的深刻认识。在中国共产党的革命斗争中，团结统一始终是中国共产党取得胜利的重要保障。遵义会议期间，中国共产党人通过加强党内团结，形成了强大的凝聚力和战斗力。遵义会议后，中国共产党更加注重党内团结，通过加强思想教育、完善组织制度等措施，巩固了党的团结统一局面。遵义会议所体现的团结统一精神，不仅体现在对党内矛盾的坚决克服上，更体现在对全国各族人民大团结的深刻认识上。团结统一是中国共产党不断前进的重要条件。

二、遵义会议精神的基本内涵

2021 年 9 月，党中央批准中央宣传部梳理中国共产党人精神谱系的伟大精神，遵义会议精神被纳入其中。以坚定信念、坚持真理、独立自主、团结统一为主要内容的遵义会议精神，每一个方面都蕴含丰富的理论内涵和精神实质。

（一）坚定信念

理想信念是立党兴党之基。崇高的理想和坚定的信念历来是共产党人的安身立命之本，是中国共产党人的精神支柱和政治灵魂，是支撑中国共产党人战胜困难走向胜利的法宝，也是长征精神、遵义会议精神的灵魂和核心内容。长征时期，中国正处于半殖民地半封建社会，社会动荡，政治腐败，经济落后，危机四伏。外有日寇野蛮入侵，人民群众遭受劫难；内有国民党反动派不顾民族危亡，连续大规模地“围剿”革命根据地。在内外忧患交加、内外因素交织、内外环境交融的复杂情况下，党和红军被迫实行战略大转移，开始长征。

长征耗时长、规模大、路程远、环境恶、斗争烈、损失重、影响广。在国民党 100 余万凶残大军的围追堵截下，党领导的红一方面军（中央红军）、红二方面军、红四方面军、红二十五军前后征战两年，经历饥寒交迫，受尽伤病折磨，历经千难万险，足迹遍及 15 个省（按现在区划），跨越了将近 100 条江河，攀越了 40 余座高山险峰，穿越了被称为“死亡陷阱”的茫茫草地，用顽强意志征服了人类生理极限。同时，几万红军要摆脱国民党 100 余万凶残大军的围追堵截，战斗频繁，两年间同敌人进行了 600 余次战役战斗，几乎平均每天都要作战一次。在红一方面军（中央红军）二万五千里的征途上，平均每 300 米就有一名红军牺牲。最终，红军克服重重困难，顺利到达陕甘苏区，进而改变了中国革命命运。

长征途中的遵义会议是在艰难险恶的环境下召开的。红军到达贵州遵义之前，外有敌人几十万大军的围追堵截，几乎天天行军打仗；内有党和军队“左”倾教条主义的错误指挥，部队减员十分严重。此外，广大红军干部战士因物资匮乏，缺吃少穿，挨冻受饿；军队装备差，弹药缺乏。在这生死存亡的紧要关头，中国共产党人没有退却，党的领导人没有张皇失措，红军队伍没有散，而是坚信中国革命能够取得胜利。他们凭着坚定不移的理想信念，认真总结之前失败的教训，积极寻找正确的道路。在湖南通道召开的紧急会议上，博古、李德置实际情况而不顾，仍然机械地执行原计划与红二、红六军团会师，并对此事寄予厚望。毛泽东从敌人兵力部署实际情况出发，实事求是地分析形势，作出判断，认为北上是自投罗网、“请君入瓮”，否定了他们的意见。毛泽东积极说服参会的主要领导人接受他把“北上”变为“西进”的进军路线主张，这一主张得到了张闻天、周恩来、王稼祥等多数人的赞同，建议被会议通过。通道会议迫使博古、李德几年来第一次暂时接受毛泽东关于改变进军方向的正确意见和主张，使毛泽东从第五次反“围剿”后又逐渐开始对中央的军事战略和部署产生重大影响。黎平会议继续对红军的行动方针问题进行讨论，以从组织上加以解决当时最为紧迫、争议最大、关系全局的进军方向问题。毛泽东则基于敌我形势客观事实主张继续西进贵州，建立川黔边根据地，其主张得到了与会大多数人的赞成。毛泽东提出的主张得以肯定和确认，可以说是毛泽东对“左”倾教条主义斗争取得的阶段性胜利。黎平会议刚结束，次日便命令中央红军 12 月底占领剑河、台拱（今台江）、革东、施秉、黄平地区。1934 年 12 月下旬，中央红军入黔后主动前进，一路所向披靡，在贵州东北部击溃黔军侯之担部，攻下了瓮安等七个县城，变被动挨打为主动进攻，长征以来被“围追堵截”的局面得以改变，把国民党蒋介石集结的40万大军远远地甩在了湖南湘西，使蒋介石企图在此全歼中央红军的计划完全破灭。1935年1月1日，中共中央政治局在贵州瓮安县猴场举行会议。猴场会议不但巩固了黎平会议的成果，尤为重要的是，中央政治局已经开始把最高“三人团”的军事领导权收回并由政治局集体领导，排除了李德的军事指挥，为遵义会议的召开做了准备。

党中央通过召开遵义会议，冷静地自我剖析、研判形势、应对挑战，以灵活机动的运动战代替了此前的阵地战，在战略撤退中不犯逃跑主义的错误，敢于同强大的敌人进行军事斗争，敢于同恶劣的自然环境作生存斗争，敢于同党内错误路线作政治斗争，战胜了敌人穷凶极恶的追杀，做出了决定中国革命生死攸关的决策，成功实现了战略大转移。正如《中共中央关于反对敌人五次“围剿”的总结的决议》指出那样，“中国苏维埃革命有着他雄厚的历史的泉源，他是不能消灭的，他是不能战胜的。中央苏区，湘鄂赣苏区，湘赣苏区，与闽浙赣苏区的变为游击区，不过是整个苏维埃革命运动中部分的挫折。这种挫折丝毫也不足以使我们对于中国苏维埃革命的前途表示张惶失措，实际上帝国主义国民党就是想暂时停止苏维埃革命运动的发展也是不可能的。二、六军团与四方面军的胜利，中央红军在云贵川三省内的活跃，以及全国工农群众的革命斗争，证明整个中国苏维埃革命正在前进中”，并发出“以布尔什维克的坚定性反对一切张惶失措与悲观失望的右倾机会主义”“胜利必然是我们的”豪迈号召。[①] 遵义会议后，在崇高理想指

---

① 中共中央文献研究室、中央档案馆编:《建党以来重要文献选编（1921—1949）》第十二册，中央文献出版社2011年版，第66页。

引下，党和红军凭着革命一定会胜利的坚定信念，敢于同强大的敌人进行军事斗争，敢于同恶劣的自然环境作生存斗争，敢于同党内错误路线作政治斗争，战胜了前进道路上的一切艰难险阻，成功实现了战略大转移，胜利到达了陕北，开创了革命新局。

遵义会议前后，党和红军同时面临军事斗争、生存斗争、政治斗争，艰难程度前所未有。但为理想而奋斗，永远是照亮革命者心路的希望之光。中国共产党人心中有信仰，脚下有力量。在残酷的军事失败面前、恶劣的自然环境面前、复杂的党内斗争面前，党和红军始终秉承革命理想高于天的精神，始终坚定执着自己的理想和信念，始终做到风雨侵衣骨更硬，野菜充饥志越坚。他们坚守自己的初心，牢记党的使命，一心只为共产主义信仰，不为官、不为钱，抛头颅、洒热血；不怕苦、不怕死，前赴后继、义无反顾，凭借崇高的理想和非凡的人格，凭着对崇高革命理想的矢志坚守，几经挫折而不断奋起，历尽苦难而淬火成钢，战胜了各种艰难险阻，取得了辉煌胜利。长征路上的苦难、曲折、死亡，检验了中国共产党人的理想信念，向世人证明了中国共产党人的理想信念是坚不可摧的。所以说，长征是一次理想信念的伟大远征，长征的胜利就是中国共产党人理想信念的胜利。遵义会议体现了党和红军坚定信念的崇高精神，充分彰显了中国共产党人心中的远大理想和革命信念的始终坚定执着，有力地诠释了崇高的理想和坚定的信念永远是保持党团结统一的思想基础。

（二）坚持真理

长征是一次坚持真理和检验真理的伟大远征。经过长征，党和红军不是弱了，而是更强了，因为我们党找到了中国革命的正确道路，找到了指引这条道路的正确理论。长征途中召开了遵义会议，这是中国共产党坚持真理的具体体现。坚持真理是遵义会议精神的特质。

还在中央根据地时，不少干部就对中央主要领导人在军事指挥上的错误逐渐产生怀疑和不满，一些军团指挥员多次在作战的电报、报告中提出批评意见，有的同志甚至同李德发生激烈的争论。毛泽东等也多次提出自己的正确主张，但都没有被接受。

长征初期，由于当时的中央领导人犯了“左”倾错误，机械地进行转移，采用了“大搬家”式的行动，让红军携带大量辎重，队伍庞杂累赘，行动迟缓，使红军的行军和作战的机动性以及突破国民党军重军包围的速度受到了严重的影响。在突破前三道封锁线后，中央红军已经减员 2 万余人，只剩下 6.4 万余人。“左”倾领导人军事上的错误领导，导致了中央红军在突破敌人四道封锁线时付出了惨重的代价，最为重要的是主力作战部队遭受了前所未有的惨重损失。湘江战役是长征途中规模最宏大、战斗最惨烈、作用最关键的战役，也是这次惨败几乎使红军濒于绝境。在不到 50 天的时间里减员人数达到 5 万余人的残酷现实使部队产生了“怀疑”“不满”情绪，他们进而要求改变领导。湘江战役的巨大损失证明了“左”倾教条主义路线领导的指挥能力和把握全局的能力不足和存在缺陷，也为后来长征途中结束博古、李德的错误领导提供了历史和现实基础。

长征开始后，随着红军作战迭次失利，特别是湘江战役损失惨重使这种不满情绪达到顶点。在干部特别是高级干部中，酝酿着要求纠正错误、改变领导的意见。许多人深感焦虑，认为不解决这个关键问题，党和红军就难以摆脱极为被动的困境。毛泽东在行军途中对王稼祥、张闻天及一些红军干部反复进行深入细致的工作，向他们分析第五次反“围剿”和长征开始以来中央在军事指导上的错误。他的正确意见得到王稼祥、张闻天等的支持。周恩来、朱德等也是支持毛泽东的。他们同博古、李德等人的分歧越来越大。从老山界到黎平，从黎平到猴场，一路展开争论。这时，中央大部分领导人对于中央军事指挥的错误问题基本上取得一致意见。在这种形势下，召开一次政治局会议，总结经验教训，纠正领导上的错误的条件已经成熟。

在紧急的战争形势下举行的遵义会议，没有全面地讨论政治路线方面的问题。这时，要就多年来党的工作中所有重大问题的是非展开讨论，是不可能的。中共中央对这些问题取得一致的正确认识，需要有一个过程。因此，会议决议只是一般地肯定中央的政治路线，也没有探讨造成军事指挥错误的深刻的政治原因。但是，遵义会议明确地回答了红军的战略战术方面的是非问题，指出博古、李德军事指挥上的错误，同时改变中央的领导特别是军事领导，解决了党内所面临的最迫切的组织问题和军事问题，结束了“左”倾教条主义错误在中央的统治，确立了毛泽东在中共中央和红军的领导地位。而这些成果，又是在中国共产党同共产国际中断联系的情况下独立自主地取得的。这次会议，在极端危急的历史关头，挽救了党，挽救了红军，挽救了中国革命。从此，中国共产党能够在以毛泽东为代表的马克思主义正确路线领导下，克服重重困难，一步步地引导中国革命走向胜利。遵义会议是党的历史上一个生死攸关的转折点，它标志着中国共产党在政治上开始走向成熟。

遵义会议的鲜明特点是坚持真理、修正错误。会议结束了王明“左”倾错误在党中央的统治，拨正了中国革命的航向，体现着中国共产党的政治勇气和担当精神，也是共产党员必须具备的思想品格和理论品格。遵义会议后，中央红军在毛泽东等同志的指挥下，根据实际情况，灵活变换作战方向，迂回穿插于敌人重兵之间，摆脱几十万国民党军队的围追堵截，粉碎了蒋介石围歼红军于川黔滇边境的计划，取得了战略转移中具有决定性意义的胜利。这一胜利，充分体现了以毛泽东为代表的中国共产党人把马克思主义基本原理与中国革命实践相结合，科学应变、主动求变，为了党和人民利益坚持真理、修正错误的精神。正如遵义会议决议所指出那样："党勇敢的揭发了这种错误，从错误中教育了自己，学习了如何更好地来领导革命战争到彻底的胜利。党在揭发了这种错误之后，不是削弱而是加强了。"[①] 毫无疑问，遵义会议是中国共产党坚持真理的一个典范。

（三）独立自主

独立自主是马克思列宁主义关于无产阶级政党领导本国人民进行革命和建设的重要原则，坚持独立自主体现了中国共产党对马克思列宁主义的科学运用。历史已经雄辩地证明，独立自主是中华民族精神之魂，是我们立党立国的重要原则。走符合本国国情的路，是党在百年历程中通过奋斗得出的符合规律的历史结论。党历来坚持独立自主开拓前进道路，坚持把国家和民族发展放在自己力量的基点上，坚持中国的事情必须由中国人民自己作主张、自己来处理。

---

① 中共中央党史资料征集委员会、中央档案馆编:《遵义会议文献》，人民出版社 2009 年版，第 26 页。

中国共产党领导的红军长征是独立自主精神不朽的象征。长征是一个"摸着石头过河""越走越明白"的不断探索过程，由前期的相当不确定性，到后来随着经验和教训的积累，往哪儿走、怎么走这些基本问题才逐渐清晰起来，没有筚路蓝缕的创业精神、手胼足胝的艰苦奋斗、百折不挠的探索劲头，红军不可能绝境逢生。在这个艰难探索过程中，我们党不仅摸索出一条转危为安、由弱到强的正确军事斗争道路，而且从根本上找到了一条符合中国国情的思想之路、领导之路、胜利之路。长征途中，中国共产党独立自主确定了战略转移方向。

1922 年 7 月，中国共产党第二次全国代表大会通过《中国共产党加入第三国际决议案》，明确指出"中国共产党既然是代表中国无产阶级的政党，所以第二次全国大会议决正式加入第三国际，完全承认第三国际所决议的加入条件二十一条，中国共产党为国际共产党之中国支部"①。自成立初期起，中国共产党接受共产国际的领导，得到过许多重要帮助，但中国有着独特的区别于任何国家的复杂国情，这决定了中国不可能走向俄国十月革命那样城市武装暴动、一举夺取政权的道路。而远在莫斯科的共产国际对中国情况不了解，越来越脱离中国实际，导致中国革命多次出现"左"或右的错误。1934 年 9 月，中共中央将中央红军实施战略转移的计划报告共产国际，共产国际回电表示同意。10 月长征开始后，由于电台遭到损坏，与共产国际的直接联系被迫中断。在没有共产国际的领导和指示的情况下，客观上党有了独立自主

① 中共中央文献研究院、中央档案馆编:《建党以来重要文献选编（1921—1949）》第一册，中央文献出版社 2011 年版，第 141 页。

解决中国革命问题的机会。中央红军先后突破三道封锁线，当强渡湘江冲击国民党军第四道封锁线时，由于指挥失当，行动迟缓，红军损失惨重。如按原定计划，中央红军将沿湘桂边境北上湘西，与红二、红六军团会合。但此时，国民党当局已判断出红军战略转移方向，急调重兵在沿途布阵，企图围歼北上的红军。把持红军指挥权的博古、李德仍坚持按原计划前进，使中央红军面临全军覆没的危险。面对危急时刻，毛泽东站了出来，建议放弃原计划，转兵向西到敌军薄弱的贵州开辟新根据地。中共中央于12月12日在湖南通道召开紧急会议，与会多数同志支持毛泽东的主张，但李德等拒不接受，仍坚持北上湘西。18日，中央政治局又在贵州黎平举行会议，经过激烈争论，通过关于战略方针的决定，接受了毛泽东的建议。黎平会议后，中央红军挺进贵州北部，连克七座县城，占领乌江南岸的猴场。31日晚，中央政治局再次在猴场召开会议，作出占领以遵义为中心的黔北地区、开创新根据地的战略决策，这时实际上开始剥夺博古、李德的军事指挥权。湘江战役失败后召开的通道会议、黎平会议、猴场会议都是在没有共产国际的干预下召开的。虽然李德也在，但是此时的他正回归到作为没有指示权力的顾问身份，他的错误行军路线也逐渐被抛弃，这亦是中国共产党走独立自主路线的实践。有了以上会议作为铺垫和基础，遵义会议得以顺利召开。

遵义会议是中国共产党独立自主地运用马克思列宁主义基本原理解决中国革命问题的一次重要会议。中国共产党在没有共产国际干预的情况下，独立自主地决定了自己的路线、方针、政策，依靠自身力量纠正了“左”倾错误，克服了重重困难，开启了党独立自主解决中国革命实际问题的新阶段。此外，遵义会议总结了经验，吸取了教训，批判了错误，纠正了路线，调整了组织。在没有共产国际的任何指示下撤销了“三人团”这一凌驾于党的集体领导之上的最高指挥机构，剥夺了李德的军事指挥权，增选了毛泽东为中央政治局常委，这无疑体现了中国共产党的独立自主。这个转变意义重大，因为党的领导高层的任命一直以来几乎都受到共产国际或联共（布）的强烈影响和严重干预，而这次重大的人事变动和中央高层的领导工作分工由中国共产党自主决定，完全摆脱了不熟悉中国革命具体实际和规律的共产国际的影响。所以毛泽东说：“照搬苏联的经验，结果把南方的根据地几乎都丢掉了，只好长征，使革命受了很大损失。”[①]1963 年 9 月 3 日，毛泽东在同外宾的谈话中又指出：“真正懂得独立自主是从遵义会议开始的，这次会议批判了教条主义。”[②] 以遵义会议为起点，中国共产党开始更加自主地认识中国革命的规律，把握中国革命的主动权、领导权，这也给党的建设带来了重要启示，即只有把马克思列宁主义基本原理同中国革命具体实际结合起来，独立自主解决中国革命的重大问题，才能取得革命和建设事业的伟大胜利。

（四）团结统一

习近平总书记在纪念红军长征胜利 80 周年大会上深刻指出：“团结是战胜一切困难的强大力量，是凝聚人心、成就伟业的重要保证。”团结统一是无产阶级政党的生命，党的团结统一是党和人

---

① 《毛泽东文集》第七卷，人民出版社 1999 年版，第 383 页。

② 《毛泽东文集》第八卷，人民出版社 1999 年版，第 339 页。

民前途命运所系，这是中国共产党总结自身建设所得出的必然结论，也是对马克思主义政党建设的必然要求。团结出凝聚力、战斗力，团结奋斗是中国人民创造历史伟业的必由之路。

1934 年 12 月 12 日，遵义会议前，中央红军在湖南通道举行紧急会议讨论中央红军进军方向。会上，毛泽东为了党的事业挺身而出，大胆向中央建议放弃北去湘西并改向贵州进军。这一建议被中央在黎平会议上予以采纳。毛泽东的正确主张虽然遭到了李德强烈反对，但是得到了王稼祥、张闻天等的认可和广大红军指战员的支持。他们团结起来赞成和支持毛泽东的正确主张，红军长征的原定路线因此得以改变，避免了中共中央和红一方面军面临全军覆灭的危险。可以说这是团结统一带来的结果。

在遵义会议上，毛泽东的发言得到大多数同志的赞同，张闻天根据会议内容特别是毛泽东发言的内容起草了决议。决议内容客观、真实，具有重要的历史和现实意义，因而得到了周恩来、张闻天、王稼祥、朱德、陈云等同志的真心拥护和严格执行。另外，遵义会议的会风得以改变，以往的错误做法得以纠正和改变。会上，一方面正确意见得以吸收、采纳和使用，另一方面反对意见不会受到压制、打击或攻击。破坏民主集中制的错误得以纠正，政见不同者、曾犯错误者得到足够的尊重、理解和对待。其间两条路线的交锋始终是在正常的党内民主和团结氛围下进行的。与会多数人员针对“左”倾错误路线对革命造成的严重危害给予了严肃而深刻的批评，但并未将其当作“敌人”来对待，而是当作党内的一种错误思潮、错误倾向，以党内斗争的方式帮助这些同志认识错误、改正错误，虽然其间也曾有过持续不断的激烈的、尖锐的争论，但采取的是摆事实、讲道理的方式，不搞过火斗争，不过多追究个人责任，更不搞个人人身攻击，都是围绕大局、立足长远充分发表自己的意见和开展批评与自我批评。

同时，在会上被批评者也有一定的团结作风和精神。例如，遵义会议上，“首先由博古作了总结第五次反‘围剿’的主要报告。他也看出了当时的形势，对军事错误作了一定的检讨，但是也强调了许多客观原因，为临时中央和自己的错误作了辩护和解释。”① 但是，博古的报告遭到了大家的反对，认为基本不正确，并展开了争论。最后博古不得不承认了自己军事路线的错误是失败的主要原因。会议期间和会后，有个别坚持“左”倾错误的同志不想让博古把权交出来，在试图让博古“顶住”时说：我们这个大印不能交出去！但博古“严正地拒绝了别人的挑拨性意见”②，表示“应该服从集体的决定”，同时交出了自己的指挥权，并且在遵义会议后，坚决地执行中央的决议。伍修权在回忆遵义会议时也曾谈到此事，他说：“博古同志虽然是会上主要批判对象之一，但是，他的态度也是比较端正的。他主持会议，却不利用职权压制不同意见，表现了一定的民主作风和磊落态度。会后，他又坚决服从和执行中央的决定，并严正地拒绝了别人的挑拨性意见。直到十年以后党的第七次全国代表大会上，他还作了认真的自我批评。这些都体现了一个共产党人的应有品质。”③

毫无疑问，遵义会议是中国共产党维护和巩固团结统一的一

---

① 中共中央党史资料征集委员会、中央档案馆编:《遵义会议文献》，人民出版社 2009 年版，第 122 页。

② 中共中央党史资料征集委员会、中央档案馆编:《遵义会议文献》，人民出版社 2009 年版，第 127 页。

③ 同上。

次成功实践。遵义会议团结统一，最后终于形成了具有深远历史意义的“遵义会议决议”，解决了事关党和红军生死存亡的方向问题和路线问题，结束了“左”倾错误路线在党内的统治，党的事业从此有了以毛泽东为代表的马克思主义正确路线的指引，并一步步走向兴盛、走向胜利。正如遵义会议决议所指出的那样：“全党同志像一个人一样团结在中央的周围，为党中央的总路线奋斗到底，胜利必然是我们的。”[①] 会议使中国革命找到新的希望，党的内部气象焕然一新。红军长征途中的团结精神具体表现在党内团结、官兵团结、各路红军之间的团结以及军民团结。团结是红军百折不挠、顽强战斗的内在保证，团结统一使红军凝聚起更强大的力量，产生更强大的战斗力。

三、遵义会议精神的时代价值

遵义会议所蕴含的“坚定信念、坚持真理、独立自主、团结统一”的精神，为党和国家的事业发展提供了精神指引，在全党上下奋力以中国式现代化全面推进强国建设、民族复兴伟业的今天，仍具有伟大而深远的时代价值。

（一）坚定信念是立党兴党强党的根本保证

遵义会议在领导问题上、军事战略上果断决策，实现了中国革命的伟大转折，打开了中国革命新局面，坚定了广大党员干部

① 中共中央党史资料征集委员会、中央档案馆编：《遵义会议文献》，人民出版社 2009 年版，第 26 页。

对马克思主义的信仰和革命前途的信念。

坚定的信念增强了对正确军事路线的认同。遵义会议不仅是信念的胜利，更是革命方向的重新确定。毛泽东军事思想能够在会议后获得广泛认同，源于他对革命胜利的坚定信念和对中国实际情况的深入理解。正是理论与实践结合，使党在面对敌军的围追堵截时，仍能找到正确的应对之策。党在最艰难的环境中，坚持信念不仅仅是情感上的坚持，更是对马克思主义基本原理的科学把握。革命的胜利离不开对理论的深刻理解和信仰，党通过遵义会议体现了这种对信念与实践结合的高度自觉性。

坚定的信念增强了对革命前途命运的信心。在生死存亡的关头，党依然坚守马克思主义信仰，坚信中国革命的必胜。遵义会议通过纠正错误路线，重申了党在关键时刻对理想信念的坚守。无论是党的领导人，还是普通红军战士，都在这场会议中得到了信念的激励，从而在极其艰苦的条件下继续长征，最终实现革命胜利。会议纠正了“左”倾路线的错误，并确立了毛泽东在党和红军中的领导地位，坚定了全党对中国革命前途的信心。

坚定的信念增强了长征中攻坚克难的意志。长征是一次理想信念的伟大远征。遵义会议所体现的信念不仅是对红军的激励，更是为党在今后历史阶段提供了精神指引。遵义会议后，党和红军凭借坚定的信念，为长征中的每一项艰难抉择注入了坚定支撑，克服了物资匮乏和敌军围剿等艰难险阻。面对敌军重重围堵，红军在信念的激励下，运用灵活机动的战略，从多次包围中突围。不仅是军事策略的成功，更是遵义会议精神在关键时刻提供的信仰支撑。遵义会议后的红军在面对长征路上的雪山和草地时，凭借对党和革命必胜的信念，克服了物资短缺、疾病蔓延等巨大考验。严酷自然条件中，党组织不断开展思想动员，使广大将士坚定信念，确保了队伍的整体士气。正是这份信念，帮助红军在极端环境下坚持前行，不断突破极限。遵义会议后的正确领导，促成了红军内部的团结与高效协作，形成强大的集体力量。在极端艰难中依旧团结一致，对党的指挥高度服从，展现出信念激发的顽强斗志和革命乐观主义。这种团结和信念使红军越战越勇，最终取得长征胜利，确保了革命火种的保存，也为党在后续历程中提供了宝贵的精神指引。

可以说，长征本身就是对信念的伟大实践。也正是这种伟大的实践，进一步强化了党和红军的革命信念。遵义会议不仅扭转了红军在长征中的不利局面，更为全体党员干部提供了深刻的信念实践机会。长征这一路，是红军面对生死考验的信念锻造之路，每一位红军将士都在艰难困苦中磨砺出坚韧的革命精神。他们在跋涉中对马克思主义和革命胜利的信念愈加坚定。为党在新中国成立、改革开放乃至新时代的发展中提供了精神财富。在面对未来更复杂的内外挑战时，遵义会议精神所体现的信念将始终激励着全体党员干部，使党在实现中华民族伟大复兴的历史进程中不断前行。这种信念，正是支撑党在百年历程中始终保持旺盛生命力的核心力量。正如邓小平所说：“为什么我们过去能在非常困难的情况下奋斗出来，战胜千难万险使革命胜利呢？就是因为我们有理想，有马克思主义信念，有共产主义信念。我们干的是社会主义事业，最终目的是实现共产主义。”①

回顾我们党百余年的发展历史，党能够由小到大、由弱到

① 《邓小平文选》第三卷，人民出版社 1993 年版，第 110 页。

强，一个重要的原因就是始终坚定理想信念。理想信念是立党兴党之基。遵义会议的胜利召开，是对中国共产党人坚定理想信念的检验。遵义会议后，党在随后的长征过程中依靠信念的力量，带领红军突破重重围困，最终抵达陕北，保存了革命的火种。当然，不仅仅是长征中，在抗日战争、解放战争中，党始终坚持对马克思主义的信念，不仅为取得革命胜利奠定了基础，也为党未来的持续发展提供了精神支撑。新中国成立后，党带领人民克服了诸如朝鲜战争、经济封锁和自然灾害等多重挑战。尽管面临巨大的外部压力，党始终坚持信念，坚信社会主义能够实现国家的独立自主和人民的幸福生活。改革开放和社会主义现代化建设新时期，党依然秉持着遵义会议所传承下来的信念力量，积极应对国内外复杂的局势。改革开放这场深刻的经济社会变革，虽然面临着意识形态、社会结构和利益格局的诸多挑战，但党始终坚持对马克思主义的信仰，并根据实际情况不断调整政策方向。正如邓小平所说："过去我们党无论怎样弱小，无论遇到什么困难，一直有强大的战斗力，因为我们有马克思主义和共产主义的信念。"①正是延续遵义会议确立的精神力量，推动党克服了改革中的各种阻力，实现了国家经济的高速增长和社会的巨大进步。进入新时代，我们党擘画了以中国式现代化全面推进中华民族伟大复兴的宏伟蓝图，但实现这样的目标，受到复杂多变的国际国内形势影响。面对这样的形势任务，要带领中国人民朝着实现中华民族伟大复兴的目标迈进，就要坚持不懈用党的创新理论凝心铸魂，传承和弘扬遵义会议精神，保持战略定力，使坚定的理想信念始终

---

① 《邓小平文选》第三卷，人民出版社 1993 年版，第 144 页。

成为新时代我们党长期执政和实现民族复兴的思想之基、力量之源。

（二）坚持真理是百年大党风华正茂的秘诀

遵义会议体现了我们党把马克思主义基本原理与中国革命实践相结合，科学应变、主动求变，为了党和人民利益坚持真理、修正错误的精神。遵义会议成为历史的转折点，关键在于它通过坚持真理，纠正了“左”倾教条主义的错误路线。毛泽东说：“所谓真理就是在我们斗争实践中被证明了是符合客观实际的东西，它适合人民的要求，使我们取得斗争的胜利。”[①] 坚持真理，要求坚持马克思主义基本原理，重新审视中国革命的实际情况，打破教条主义束缚，提出符合实际的革命路线。通过坚持真理的实践，党成功调整了军事战略，采取更加灵活的游击战术和运动战，使红军在长征的后半段逐渐扭转了困境。

回顾我们党百余年的发展历史，党能够由幼稚走向成熟、始终走在时代前列，一个重要的原因就是能够不断坚持和发展真理、修正错误。坚持真理的精神，不仅保障了党的不断发展壮大，还推动了新中国的成立、改革开放的成功和新时代中国特色社会主义事业的蓬勃发展，铸就了中国共产党的强大生命力和无数次的胜利。革命时期，我们党经历了各种生死攸关的艰难抉择，光辉而艰辛，亦犯了不少严重错误，比如大革命后期以陈独秀为代表的机会主义错误、土地革命时期以王明为代表的教条主义错误，究其深层次的原因，就是忽视形势的变化、严重脱离实

① 《毛泽东文集》第三卷，人民出版社 1996 年版，第 254 页。

际，不懂得按照事物本身的客观规律办事，在认识上、行动上出现偏差、局限，没有把党在实践中获得的正确认识集中起来。我们党在纠正错误的过程中，也帮助党和红军的绝大多数人从惨痛的教训中逐渐分清什么是正确的、什么是错误的。毛泽东结合革命实际提出农村包围城市、武装夺取政权的道路，坚持马克思主义的科学理论和实事求是的精神，不断调整和完善党的路线、方针和政策，取得革命的伟大胜利。新中国成立后，尽管在实践探索中出现脱离实际、超越阶段等严重挫折，教训惨痛，但我们党从未放弃自己的崇高理想和最终目标，始终坚持真理、敢于自我纠错。党的十一届三中全会全面纠正"文化大革命"及以前的"左"倾错误，批判了"两个凡是"的错误方针，充分肯定了必须完整、准确地掌握毛泽东思想的科学体系，作出了党和国家工作重心转移到经济建设上来、实行改革开放的历史性决策。我们党能够实现这样的历史性转变，关键在于我们党因时而变、随事而制，敢于承认错误、敢于纠正错误，敢于直面问题、勇于自我革命，并从中汲取经验教训，减少、避免错误。正是在这一过程中，始终坚持真理，紧密结合党的基本理论与实践经验，不断修正和完善政策与方针。坚持真理的精神能够在复杂多变的环境中保持战略定力，以人民的利益为根本出发点，推动社会进步和国家发展。

坚持真理，不仅是我们党应对外部挑战的有力武器，更是实现自我革命、自我完善的重要途径。无论是历史上的重大决策，还是当前新时代中国特色社会主义事业的发展，我们都需从真实的实践出发，进行理论创新，以确保党的理论和政策始终与时代同步，符合人民群众的需求。通过坚持真理，我们不仅保持了党的生机与活力，也在不断深化改革的过程中，凝聚了全党全社会的共识，形成了推动社会主义现代化建设的强大合力。遵义会议所体现的坚持真理的精神，成为中国共产党百年辉煌历程中的重要法宝，激励着我们在新时代继续前行。党的十一届三中全会开启了改革开放的历史新征程，这是中国共产党在坚持马克思主义真理基础上作出的又一次伟大转折。改革开放以来，我们党能够创造经济快速发展和社会长期稳定两大奇迹，就在于始终坚持马克思主义科学真理，敢于突破僵化的思想束缚，勇于探索和发展符合时代要求的理论和实践。

不论过去、现在和将来，我们都要坚持一切从实际出发，理论联系实际，在实践中检验和发展真理。我们党的伟大不在于不犯错误，而在于从不讳疾忌医，敢于直面问题，勇于自我革命。进入新时代，我们赓续坚持真理的遵义会议精神，推进党的建设新的伟大工程，始终保持中国共产党的本色，就要坚持为人民的利益坚持真理、修正错误，以事实为依据，敢于说出事实的真相，及时发现和纠正思想认识上的偏差、决策中的失误、工作中的缺点，使我们的思想和行动更加符合客观规律、符合时代要求、符合人民愿望。在新时代的背景下，面对日益复杂的国内外环境，我们必须进一步深化对坚持真理重要性的认识。

新时代呼唤新的实践，在推动全面建成社会主义现代化强国的征程中，勇于探索符合时代发展要求的理论和路径。坚持真理要求我们不断反思和更新我们的政策，以应对新的挑战，如经济转型、生态保护和社会治理等多重任务。在这一过程中，我们需要更加注重科学决策，强化数据和事实的应用，以确保我们的每一个决策都能够基于客观实际，服务于最广大人民的根本利益。

同时，新时代的国际局势瞬息万变，科技迅猛发展，对我们党的治理能力和水平提出了更高的要求。我们要坚持真理，强化对新兴事物的学习和适应，推动理论创新与实践相结合，确保党的理论始终与时俱进。这不仅是提升党的执政能力的需要，也是实现中华民族伟大复兴的根本保证。通过坚持真理，我们能够不断增强政治判断力、政治领悟力和政治执行力，确保在新时代背景下中国共产党始终充满活力和创造力，推动中国特色社会主义事业不断向前发展。

（三）独立自主是立党立国、兴党兴国的重要原则

遵义会议结束了“左”倾教条主义在党中央的错误统治，事实上确立了毛泽东在党和红军中的领导地位，在极端危急的历史关头，挽救了党，挽救了红军，挽救了中国革命。遵义会议的历史功绩，恰恰是在中国共产党与共产国际联系中断，党独立自主地运用马克思列宁主义的基本原理，勇于与共产国际在指导中国革命问题上所犯错误作斗争的情况下取得的。作为事关中国共产党存亡，事关近现代中国革命成败，事关国家前途明暗，被称为中国共产党历史上一个生死攸关的转折点的遵义会议的成功召开，标志着中国共产党从幼年开始走向成熟。自遵义会议后，中国共产党人对中国前途命运的认知愈加深刻和成熟，实现既定目标的方法愈加切实和正确，践行真理的步伐愈加自信和坚毅，在以毛泽东为代表的中国共产党人正确领导下，中国革命获得从挫折中奋起的密码和能量，中国工农红军自此克服千难万险，从弱变强、由小及大，一步步从胜利走向胜利。

新中国成立后，中国共产党毫不动摇独立自主、自力更生的

决心，任何时候都没有在外来压力面前屈服妥协，不仅依托人民力量，在一穷二白的土地上建立起较为完整的工业体系和国民经济体系，还坚定捍卫国家主权、统一和领土完整，坚持独立自主的和平外交政策，不气馁不屈从不攀附，表现出中国共产党、中国各族人民大无畏的英雄气概，赢得国际社会的广泛赞誉。在中国改革开放和社会主义现代化建设进程中，党领导人民独立自主开创了社会主义现代化道路，在人类文明多样形态中成功展示了中国样本。党的十八大以来，以习近平同志为核心的党中央，统筹把握中华民族伟大复兴战略全局和世界百年未有之大变局，始终强调中国共产党人必须坚守独立自主的历史正道，坚持把国家和民族发展放在自己力量的基点上，坚持中国的事情必须由中国人民自己作主张、自己来处理，以伟大的历史主动精神、巨大的政治勇气、强烈的责任担当，全面建设社会主义现代化国家。

纵观中国共产党人百年奋斗历程，继往开来的中国共产党人继承了独立自主的生命基因，正是基于对独立自主一以贯之的执着坚守，深刻认识“独立自主，自力更生，是从中国实际出发、依靠群众进行革命和建设的必然结论”[①]，我们党始终信任和依靠中国人民的智慧和力量，走上了适合本国特点的革命道路和建设道路，在超强民族自尊心和自信心的鼓舞推动下，不断凝聚实现中华民族伟大复兴的精神力量。历史雄辩地证明，适合中国的道路只能由本国人民自己寻找、创造和决定。为此，《中共中央关于党的百年奋斗重大成就和历史经验的决议》将“坚持独立自主”作

① 中共中央党史研究室编:《三中全会以来重要文献选编》下，人民出版社 1982 年版，第 835 页。

为党经过百年奋斗总结出的十条历史经验之一，并深刻指出："独立自主是中华民族精神之魂，是我们立党立国的重要原则。走自己的路，是党百年奋斗得出的历史结论。党历来坚持独立自主开拓前进道路，坚持把国家和民族发展放在自己力量的基点上，坚持中国的事情必须由中国人民自己作主张、自己来处理。人类历史上没有一个民族、一个国家可以通过依赖外部力量、照搬外国模式、跟在他人后面亦步亦趋实现强大和振兴。那样做的结果，不是必然遭遇失败，就是必然成为他人的附庸。只要我们坚持独立自主、自力更生，既虚心学习借鉴国外的有益经验，又坚定民族自尊心和自信心，不信邪、不怕压，就一定能够把中国发展进步的命运始终牢牢掌握在自己手中。"历史车轮滚滚向前，独立自主的民族精神也将成为续写中华文明璀璨华章的根本保证。在以中国式现代化全面推进强国建设、民族复兴伟业的关键时期，需要传承中国共产党人独立自主的责任与担当，坚持兼收并蓄又开放包容，既对外交往又自己做主，既融入世界舞台又贡献中国方案，在新时代新征程上深刻诠释和创新阐发符合时代特征的独立自主精神意涵，让融入中国共产党人血脉和基因的精神密码，组合成绵延厚重的精神谱系，成为引领现代化建设事业取得新胜利的统摄力量。

（四）团结统一是党以伟大自我革命引领伟大社会革命的重要基础

遵义会议上运用"批评和自我批评""少数服从多数""摆事实，讲道理""既弄清思想、分清是非，又团结同志"和"民主票决"等原则，正确进行党内斗争，集体讨论和决定党的重大事务、重大原则、重大路线方针政策。与此同时，遵义会议还通过民主集中的方式完成了党中央总负责人的变换和中央新的军事领导机构的建立，按照组织规范取消了“左”倾领导人的最高军事指挥权，实际上形成了以毛泽东为核心的领导集体，形成了集体领导、分工负责、统一高效的制度规范。遵义会议开启了运用民主集中制原则正确开展党内斗争的先河，在坚持正确意见的同时不压制反对意见，对持不同意见的或犯错误的同志给予足够的尊重和包容。遵义会议没有对当时错误的政治路线展开批判，避免了不必要的争论或分裂，因此团结了党内大多数同志，维护了党中央的意志和方向统一。团结统一是遵义会议成功召开的关键因素，也是中国人民创造历史伟业的胜利密码。

回顾我们党的历史，在中国革命、建设和改革的路上考出好成绩需要具备多种能力和素质，党始终坚守的团结统一是行稳致远的重要保证。1935 年 1 月召开的遵义会议，解决了当时最迫切的军事问题和组织问题，因此团结了党内大多数同志，朝着正确的方向迈进。遵义会议是真正意义上顾全大局的会议，是党团结统一的成功典范。遵义会议后的长征途中，正是坚决维护党的团结统一，才成功战胜张国焘的分裂主义，确保了红军三大主力会师陕北。抗日战争时期，基于对团结统一重要性的认知，中国共产党人积极争取民主党派人士的拥护和支持，这对革命力量的发展壮大起到至关重要的作用。社会主义建设时期，党的团结统一更被视为全国团结稳定的基础和关键。为此，1956 年，邓小平在党的八大上作了《关于修改党的章程的报告》，进一步论述了党的团结的重要性，强调“党的团结和统一是党的建设的最重要问题之一”[1]。1978年召开的党的十一届三中全会，在混乱的局势面前提出“停止使用‘以阶级斗争为纲’的口号”，坚决维护团结统一局面，把全党的工作重点和全国人民的注意力转移到社会主义现代化建设上来。之后的各个历史时期，中国共产党都始终围绕历史使命和中心任务，加强自身建设，确保党始终保持先进性和纯洁性，团结带领全国人民不断从胜利走向胜利。

走好新时代“赶考”之路必须始终保持党的团结统一。百年来我们党始终把保持团结统一作为党的政治建设的重要内容来加以推进，团结奋斗是中国人民创造历史伟业的必由之路，旗帜鲜明讲政治、保证党的团结和集中统一是党的生命，也是我们党能成为百年大党、创造世纪伟业的关键所在。新征程上，我们要继续发扬彻底的革命精神，坚持全面从严治党永远在路上，保持“赶考”的清醒，以新时代党的自我革命引领新的伟大社会革命。全面建设社会主义现代化国家必须充分发挥亿万人民的创造伟力，直面党面临的“四大考验”的长期性和复杂性、“四种危险”的尖锐性和严峻性，以习近平同志为核心的党中央深刻认识走好赶考之路需要不断加强党的建设并及时革除党内存在的弊病。只有一个拥有健康肌体和生命活力的党，才会被人民选择和拥护，才能团结带领全国各族人民自信自强、守正创新，踔厉奋发、勇毅前行，进而实现中华民族伟大复兴的历史任务。进入新时代，走在新的长征路上，全党上下要更加重视遵义会议在加强党的建设方面的现实价值，深刻认识团结统一是党走好新时代“赶考”之路的关键所在。要牢牢把握团结统一的时代主题，团结一切可以团

① 《邓小平文选》第三卷，人民出版社 1994 年版，第 235 页。

结的力量，调动一切积极因素，使党始终成为风雨来袭时全体人民最可靠的主心骨，广泛汇聚起上下同欲、干群同心、务求必成、战之必胜的磅礴力量，以奋发有为的精神把新时代中国特色社会主义不断推向前进。

后 记

遵义会议是我们党历史上一次具有伟大转折意义的重要会议，鲜明昭示领导核心至关重要、正确道路至关重要、团结奋斗至关重要、永葆自我革命精神至关重要。传承弘扬遵义会议精神，从党的奋斗历史中汲取智慧和力量，对于深刻领悟“两个确立”的决定性意义，增强做到“两个维护”的思想自觉、政治自觉和行动自觉，以昂扬斗志走好新时代的长征路具有重要意义。

2025 年是遵义会议召开 90 周年。为深入学习贯彻习近平总书记关于总结运用遵义会议历史经验的重要论述和对贵州工作系列重要讲话重要指示精神，2024 年 4 月，中共贵州省委书记、省人大常委会主任徐麟同志和全国党建研究会会长李智勇同志研究确定围绕纪念遵义会议召开 90 周年开展课题研究工作。中共贵州省委常委、组织部长、省党建研究会会长时玉宝同志担任课题组组长，组织制定课题研究方案，明确以“从遵义会议看‘两个确立’的决定性意义”为主题开展研究。在全国党建研究会大力支持下，邀请 7 位中共党史党建研究领域知名专家给予悉心指导。中共贵州省委组织部、贵州省党建研究会组织省内研究力量参加课题研究工作，经多次研究讨论、修改完善，最终形成了“1+6”的课题研究报告。

课题研究工作中，中共中央党史和文献研究院原副院长吴德刚研究员、《红旗文稿》杂志社总编辑杨绍华、中国人民大学中共党史党建学院院长杨凤城教授、中国社会科学院马克思主义研究院戴立兴研究员、中国社会科学院马克思主义研究院原院长邓纯东研究员、中央党校（国家行政学院）党的建设教研部李俊伟教授、北京师范大学中共党史党建研究院院长王炳林教授等分别作为总课题和子课题指导专家，以严谨的工作态度、扎实的理论功底、务实的工作作风，从研究框架结构、重大史实、理论逻辑等方面严格审核把关，全程给予了有力指导。吴德刚研究员作为总的指导专家，倾注了大量心血，多次组织讨论，邀请有关权威机构的专家学者对书稿进行了审读，提出了许多宝贵意见。承担课题报告撰写任务的同志有：导论，王瑞军、赵继红、张贵云、郑东升、宁友金；第一章，郑东升、李秀军、李元鹏；第二章，王兵、胡乘铭、薛舒文、刘晓鹏；第三章，宁友金、陈正奎、李懋君；第四章，贺梦依、宁友金、欧阳德君、林乐兴、黄锴；第五章，杨正军、宁友金、张致森、杨焦；第六章，朱仁印、彭法、刘丽。中共贵州省委组织部研究室、党建研究中心具体负责统筹协调工作，有关同志在统稿、论证、审校等方面做了大量工作。吕忠飞、杨胜元、汪启顺、袁金玉、李纪凯、范一、田莉、黄金峰、李龙鑫、江志平等同志参与书稿资料收集、整理、校对等工作。同时，理论界的一些研究成果为本课题研究提供了有益启迪和参考，在此一并表示衷心感谢！

为进一步用好课题研究成果，在党建读物出版社的大力支持下，课题研究成果《从遵义会议看“两个确立”的决定性意义》正式出版发行，以期更好地把传承弘扬遵义会议精神工作不断引向深入，教育引导党员、干部传承红色基因、赓续红色血脉，以昂扬斗志走好新时代的长征路。

由于编者水平所限，书中难免有不足之处，敬请方家批评指正。

中共贵州省委组织部　贵州省党的建设研究会

纪念遵义会议90周年课题组

2025年6月